1. Auflage April 2021
2. Auflage Mai 2021

Alle Rechte vorbehalten
Copyright © 2021 by Kein & Aber AG Zürich – Berlin
Covergestaltung: Maurice Ettlin
Umschlagillustration, Illustrationen und Collagen: Moni Port
Satz: Ulrike Groeger
Druck und Bindung: CPI Ebner & Spiegel, Ulm
ISBN 978-3-0369-5846-0

www.keinundaber.ch

INHALT

Vorwort 7

Bis mittags im Bett liegen 16

Unpünktlich sein 19

Essen, was einem schmeckt 22

Nicht aufräumen 27

Postkarten schreiben 31

Steine suchen 35

Flecken sammeln statt Falten aufspritzen 39

Sich nass regnen lassen 43

Sich gruseln 46

Durch ein Zimmer reisen 50

Alte Zeitungen lesen 54

Kaltes Abendbrot servieren 57

Herumlümmeln 61

Umwege statt Abkürzungen 64

Prokrastinieren 68

Andere anstatt sich selbst beobachten 73

Streiche spielen 76

Andenken sammeln 80

Auf einer Parkbank sitzen 83

Vergessen 87

Kein Wasser trinken 88

Im Liegen leben 91

Das Handy ignorieren 96

Luxus lieben 99

Getrennte Schlafzimmer 103

Einen Sonntagsbraten zubereiten 107

Die Post nicht öffnen 111

Aus dem Fenster schauen 114

Einen Bowletopf leer diskutieren 118

Außer sich statt bei sich sein 122

Auf dem Klo sitzen 126

Unvollendete Werke pflegen 130

Schneckenrennen veranstalten 132

Die eigenen Fehler feiern 136

Sich in jemanden verlieben, der nicht zu einem passt 139

Herumgeistern 143

Übertreiben 147

Grundlos schlecht gelaunt sein 151

Ein Nickerchen machen 156

Herumstreunen statt Schritte zählen 160

Es richtig krachen lassen 164

Blaumachen, weil man sich niedergeschlagen fühlt 167

Plaudern statt auf den Punkt kommen 171

Gewohnheiten und Rituale pflegen 176

Gute Ausreden erfinden 180

Nichts tun – dolce far niente 184

VORWORT

> »Der glücklichste Teil im Leben
> eines Menschen ist der,
> den er morgens wach im Bett verbringt.«
> *Dr. Johnson 1709–1784*

Ein strahlender Sommermorgen, die Kinder sind aus dem Haus, endlich Ruhe. Auch die angekündigte Hitze lässt noch auf sich warten. Genau der richtige Moment, um Handtuch, Badeanzug und ein gutes Buch in die Tasche zu werfen und zum See zu fahren. Das kühle Wasser genießen, sich langsam in der Sonne aufwärmen, geistesabwesend das dicht bewachsene Ufer mit all seinen Grüntönen betrachten und langsam eindösen. Irgendwo, in weiter Ferne, könnte jetzt leise Lou Reeds »Perfect day« einsetzen. Aber kurz vor dem Refrain flüstert eine eiskalte Stimme: »Und was wird aus dem Artikel, den du morgen abgeben musst? Und die Bügelwäsche, die seit einer Woche den Sessel blockiert? Außerdem wolltest du laufen gehen, die Steuerbelege zusammensuchen und die Kammer aufräumen!«

»Warum muss das heute sein?«, seufzt der innere Oblomow, dieser liebenswerte Faulpelz, der sein Leben im Bett verdämmert und auf sympathische Weise zeigt, dass Effizienz und Leistung nicht alles sind im Leben – ganz im Gegenteil. Oder vielleicht doch?

Seit das uralte Streben danach, ein besserer Mensch zu werden, sich nicht mehr auf kaum messbare Werte wie Moral oder Güte bezieht, sondern in erster Linie auf Leistungen, die sich bis auf hintere Dezimalstellen beziffern lassen, ist das schlechte Gewissen kein notwendiges Übel mehr, um die eigene Verwahrlosung in Grenzen zu halten, sondern eine Art moralischer Tinnitus, der permanent in den nervtötendsten Tonlagen daran erinnert, mehr und intensiver an sich zu arbeiten.

Produktiver und vor allem schöner werden, gesünder essen, weniger schlafen, ausdauernder trainieren, intensiver meditieren, besser leben – es gibt so viel zu tun, dass man nie damit fertig werden kann. Und hat man doch etwas davon erledigt, erzählt einem garantiert jemand, wie viel besser er darin ist. Klüger, schneller und schöner wollten Menschen ja schon immer werden. Kleopatra badete in Eselsmilch, der äthiopische Läufer Abebe Bikila gewann bei den Olympischen Spielen 1960 in Rom, weil seine Schuhe durchgelaufen waren, einfach barfuß den Weltrekord, und der Bergmann Adolf Hennecke steigerte 1948 ohne Neuroenhancer, aber mit sozialistischer Überzeugung, die Arbeitsnorm im Karl-Liebknecht-Schacht in einer einzigen Schicht auf 387 Prozent.

Aber seit wann wird eigentlich so viel darüber geredet? Wahrscheinlich hätte auch halb Ägypten seiner Königin nachgeeifert, wenn Kleopatra ihr Schönheitsritual auf Instagram gepostet und die Rezeptur vermarktet hätte. Aber die war natürlich geheim, unerschwinglich teuer, und überhaupt war Schönheitspflege Privatsache. Heute dagegen tauschen sich Menschen, wo immer man hinkommt, über Botox-Spritzen, Schrittzahlen, ihre Sex- oder Schlaffrequenzen aus, oder sie schwärmen davon, wie innerlich befreit sie sich fühlen, seit sie ihren Keller entrümpelt haben und ihre Unterhosen nach Farben sortieren.

Wann war das noch mal, als man die Schulfreundin bemitleidete, deren putzsüchtige Mutter die Handtücher streng auf Kante stapelte und Flecken selbst dann noch entdeckte, wenn sie sorgsam weggewischt worden waren? Räum dein Zimmer auf, geh raus an die frische Luft, trödle nicht und iss auch mal einen Apfel, waren das nicht die

Sätze, denen man um jeden Preis entkommen wollte? Und jetzt betet man sie sich, wie ein Mantra, ständig selbst vor. Oder steckt hinter dem Drang, sich selbst zu perfektionieren, mehr als die schlichte und etwas biedermeierliche Botschaft, ein ordentlicher, gesunder, fleißiger Mensch zu sein? Ist das wirklich alles, was man sein will? Gibt es nichts Wichtigeres zu tun?

Allein das Aufräumen! Seit die Japanerin Marie Kondo der Welt erfolgreich beizubringen versucht, wie man ausmistet und seinen Besitz richtig verstaut, vergeht kaum eine Party oder Familienfeier, bei der nicht darüber geredet wird, wie viel Überflüssiges man entsorgt hat, wie man seine Socken richtig faltet und wie wenig Dinge es braucht, um glücklich zu sein. Statt über die Krise der Europäischen Union oder den Klimawandel zu debattieren, erklären Erwachsene einander ernsthaft, wie viel Lebensqualität sie gewonnen haben, seit sie ihre Dinge in durchsichtigen Boxen verstauen, wie es die beiden US-Amerikanerinnen Joanna Sheplin und Clea Shearer in ihrer erfolgreichen Netflix-Serie *Get organized* propagieren. Darin kreischen erwachsene Frauen in Anbetracht des Schuh- und Kleiderchaos, das sie beseitigen sollen, wie Teenager, und eine gestandene Kinderärztin bricht in

Tränen aus, weil jemand für viel Geld ihr Ankleidezimmer aufgeräumt hat. 250 Dollar pro Stunde muss man bezahlen, damit Joanna, Clea und ein Team junger Frauen, die alle gleich aussehen, freudig in Schlafzimmer und Garagen einfallen, das meiste wegwerfen und den Rest nach dem Malkastenprinzip sortieren. Wer eine zweitägige Intensivberatung nach der KonMari-Methode bucht, muss dafür rund 2600 Euro hinblättern, hinzu kommen 500 Euro für die Einführungsrunde plus Reisekosten, falls die Beraterin nicht in der gleichen Stadt lebt. Seit Aufräumen und Putzen zu derart exklusiven Angelegenheiten geworden sind, gelten sie auch nicht mehr als spießig. Aufräumen scheint vielmehr ein Wohlstandsproblem all jener zu sein, die zu viel kaufen, besitzen oder zu viel geerbt haben. Understatement und Minimalismus sind zu Luxus-Etiketten geworden.

Aber die neue Ordnung in Schrank und Körper ist nicht nur ein Distinktionsmerkmal. Unordnung wird mit Versagen und Kontrollverlust gleichgesetzt, genau wie zügelloses Essen oder Trägheit. Damit wir das nicht vergessen, ermahnen uns Apps und Fitness-Tracker, das Abendessen ausfallen zu lassen, mehr Schritte zu sammeln und positiver zu denken. Das dahinterstehende (emotionale)

Konzept geht davon aus, dass sich alles verbessern lässt und unser Verhältnis zur Welt immer eindeutig ist.

»Macht dich das glücklich?«, lautet das Entrümpelungs-Mantra, das Frau Kondo zufolge auf jedes Ding anzuwenden ist, ob Socken, Mäntel, Fotoalben oder Eierbecher. Was man in diesem Augenblick nicht liebt, muss weg, emotionale Grau- und Zwischentöne stören nur die strikte Gefühlsökonomie. Dass unser Verhältnis zu den Dingen, die uns umgeben, häufig zwiespältig, unentschieden oder sogar zweifelhaft sein kann, dass Dinge eine Geschichte haben oder uns mit längst vergangenen Zeiten unseres Lebens verbinden, ist in einem derart rigorosen System nicht vorgesehen. Und wie weit ist es von den Dingen zu den Menschen? Die Kollegin im Rollstuhl – hat in diesem Weltbild keinen Platz. Der Ehemann löst seit einigen Wochen keine schönen Gefühle mehr aus? Weg damit! Die kranke Oma steht im Weg – raus mit ihr!

In Wahrheit gibt es nichts Langweiligeres als den durchtrainierten, glattgebürsteten, rotwangigen Erfolgsmenschen, der sein Leben mit sämtlichen Selbstoptimierungsstrategien auf Vordermann gebracht hat. Wie sympathisch dagegen all die seltsamen Kauze, die frische Luft nur in homöopathischen Dosen zu sich nehmen, all die sturen, eigensinnigen Schrate wie mein Vater, der selbst bei großen Familienfeiern lieber gar nichts gegessen hat als zur falschen, also nicht seiner Zeit, einen aber mit seinem ungebrochenen Optimismus durch jede Lebenskrise manövrieren konnte. Oder mein sanftmütiger Lieblingsonkel, der sein halbes Leben mit seiner Mutter zusammengelebt hat, keinem Laster außer seiner Badehosensammlung frönt und einer der entspanntesten und liebenswertesten Menschen ist, den ich kenne.

Warum wollen wir glatt und stromlinienförmig wie Maschinen sein und bewundern zugleich niemanden mehr als all die exzentrischen Künstler, Abenteurer, Erfinder und Popstars, zu deren Hits wir nie die Nächte durchgetanzt hätten, wenn sie damals regelmäßig ihre Abstellkammer aufgeräumt hätten und jeden Abend pünktlich um 23 Uhr ins Bett gegangen wären?

Ob es ums Aufräumen, die Ernährung, das Beziehungsleben oder die Kindererziehung geht, ohne externen Rat scheint heute nichts mehr zu gehen. »Coaches haben längst den gesunden Menschenverstand – oder die früher vielleicht mit im Haus lebende Mutter oder Großmutter – ersetzt«, schreibt die Schriftstellerin Tanja Dückers in einem Essay unter dem schönen Titel *Die Schublade als Schamgebiet*.

Und es stimmt. Ich muss nur meinen Blick über all die wild wuchernden Unrat-Nester in unserer Wohnung streifen lassen, um mich schlecht und schuldig zu fühlen. Genauso ist es mit Altersflecken, Speckfalten, Schlappheit, schlechter Laune und all den anderen naturgegebenen Zuständen, die man wegätzen, aufspritzen, wegtrainieren und niederlächeln soll. Denn wo alles machbar scheint, *muss* es auch gemacht werden. Wer dazu nicht fähig ist oder keine Lust hat, im permanenten Wettbewerb mit sich und allen anderen zu stehen, gilt schnell als Versager.

Und tatsächlich kommt, wer schön und fit aussieht, besser durchs Leben und verdient mehr. Studien zeigen, dass wir gutaussehende Menschen automatisch für klüger, ehrgeiziger, gewissenhafter und produktiver halten. Kein Wunder, dass die Zahl der Schönheitsoperationen seit Jahren steigt, obwohl jedem klar sein dürfte, dass weniger Falten nicht unbedingt mehr Glück bedeuten.

Dieses Buch möchte daran erinnern, was man mit seiner begrenzten Lebenszeit alles anstellen kann, außer sich ständig mit kritischem Blick zu taxieren, Verbesserungsstrategien zu entwerfen, sie keuchend umzusetzen und doch nie zufrieden mit sich zu sein.

»Die Welt folgt keinem Plan«, heißt es in Elizabeth Gilberts Roman *City of Girls*, dessen Personal aus lauter verschrobenen, eigensinnigen Wesen besteht, in die man sich sofort verliebt, und das, obwohl eindeutig zu viel gefeiert, getrunken und geraucht wird und niemand nach dem Fest sofort die Küche aufräumt. Genau wie im richtigen Leben. Wenn das einmal dem Ende zugeht und wir einen Blick zurückwerfen, ziehen hoffentlich keine Zahlenkolonnen, Kalorientabellen und aufgeräumte Schubladen vor unserem inneren Auge vorbei. Sondern eine Reihe unwiederbringlicher Augenblicke und »rosenroter Tage, die im Gedächtnis leuchten, wenn alle anderen vergessen sind«, wie es bei Astrid Lindgren heißt. Die Welt folgt keinem Plan, und wir müssen das auch nicht.

BIS MITTAGS IM BETT LIEGEN

»Der frühe Vogel fängt den Wurm« lautet ein Sprichwort, und geht es nach Topmanagern wie Tim Cook von Apple, soll es tatsächlich die Produktivität steigern, morgens um fünf aus den Federn zu springen und (an sich) zu arbeiten: Frühsport, Meditation, Gedichte schreiben oder E-Mails beantworten, die einem noch produktivere Nachteulen geschickt haben. Nicht zu vergessen ein gesundes, ballaststoffreiches Frühstück oder ein fettiger Bulletproof-Coffee, um Power und Produktivität weiter anzukurbeln. Derart beflissen sein Tagwerk zu beginnen, ist zweifellos ehrbar, und in vielen Berufen oder mit Schulkindern ist es unvermeidlich, früh aufzustehen. Sich in diesem Fall noch ein Stündchen früher aus den Kissen zu schälen, anstatt auf den letzten Drücker loszuhetzen, kann tatsächlich Freiräume schaffen.

Wie herrlich sind aber jene Tage, an denen man ganz ohne nervenaufreibende Weckgeräusche langsam erwacht, in einen sanften, angenehm orientierungslosen Dämmerzustand gleitet und sich genüsslich von einer Seite auf die andere wälzt, in dem

wohligen Wissen, dass es nichts zu tun gibt, außer ungeordnete Gedanken und Gefühle kommen und gehen zu lassen, dem Gezwitscher der Vögel zu lauschen oder kaum merklichen Kaffeeduft aus der unendlich weit entfernten Küche zu wittern.

Der Halbschlaf ist ein gleitender Zwischenzustand, eine Transitzone, eine eigene Welt. In ihr beginnt der französische Schriftsteller Marcel Proust sein monumentales Romanwerk *Auf der Suche nach der verlorenen Zeit,* in dem er dahindämmernd seinen Erinnerungen folgt und in sein früheres Leben in Combray eintaucht: »Zärtlich drückte ich meine Wange an die schönen Wangen des Kopfkissens, die in ihrer Fülle und Kühle wie die Wangen unserer Kindheit sind.«

Glücklich, wer sich lustvoll räkeln, herumfläzen, im Schlafanzug in die Küche schlurfen kann, um mit einem Becher Tee oder Kaffee zurückzukriechen in die warme Höhle, die Laken mit einem fettigen Croissant vollzukrümeln und sich mit einem guten Buch oder einem atmenden Begleiter so lange darin einzurichten, bis einem die Lust darauf von ganz allein vergeht.

UNPÜNKTLICH SEIN

Meine Freundin Eva kam schon in unserer Kindheit und Jugend zuverlässig zu spät. Sogar als wir zu viert in unseren ersten elternfreien Urlaub aufbrechen wollten, rechnete niemand mit einem reibungslosen Ablauf, trotz oder vielleicht auch wegen Evas gegenteiliger Beteuerungen.

Wir drei anderen waren mit jugendlichem Enthusiasmus um vier Uhr früh aus dem Bett gesprungen und standen auf die vereinbarte Minute genau bereit, um in dem hippiesk bemalten Kombi, den einer der Jungs von seinem Bruder ausgeliehen hatte, bis mittags nach Paris zu gelangen. Als der Wagen, auf dessen Dach eine Blume montiert war, die keck ihren blauen Kopf in die Nacht reckte, auf den Parkplatz vor Evas Haus einbog, war natürlich alles dunkel, und es dauerte eine halbe Stunde, bis wir endlich in Richtung Westen unterwegs waren. Immerhin war damit gleich geklärt, wer in den ersten Tagen die unangenehmen Dinge übernehmen musste, wie zu wildfremden Leuten im piekfeinen Versailles in den Garten zu spazieren und zu fragen, ob man vielleicht bei ihnen zelten darf.

Was unter Freunden nervig ist, aber für schöne Anekdoten sorgt, kann im Job ernsthafte Konsequenzen haben. Unpünktlichkeit gilt nämlich als »Verletzung der Arbeitspflicht« und kann im Wiederholungsfall zur Kündigung führen. Dabei würde der Arbeitgeber wahrscheinlich einen Fehler machen, denn chronisch Unpünktliche gelten als emotional gesteuerte Ideentypen, die sich ständig etwas Neues einfallen lassen, anstatt stur den Schreibtisch abzuarbeiten. Womöglich hindert einen auch ein rebellischer Geist daran, pünktlich zu sein, oder man gehört zu jenen Optimisten, die überzeugt sind, mehr in einem Zeitraum unterzubringen als andere. Lauter sympathische Eigenschaften, die rein gar nichts mit dem konventionellen Bild des schludrigen Zuspätkommers zu tun haben.

Hollywood-Diva Liz Taylor kam übrigens so leidenschaftlich und überzeugt zu spät, dass sie vor ihrem Ableben 2011 testamentarisch festlegte, ihr Sarg solle, wenn es eines Tages so weit sein sollte, mit fünfzehn Minuten Verzögerung zur Kirche gebracht werden. Ein starkes Bekenntnis zu einer in ihrem kreativen Potenzial unterschätzten Eigenschaft und ein echter Coup, der zeigt, dass selbst der Tod noch komische Aspekte haben kann, auch wenn man die Pointe nicht mehr miterlebt.

ESSEN, WAS EINEM SCHMECKT

Seit jeher quälen sich Menschen, vor allem weibliche, damit herum, ihren Körper in eine Form zu bringen, die historisch gesehen recht kurzlebigen und stark kulturell geprägten Idealen entspricht. Was in Bielefeld als schön gilt, muss auf der Pazifikinsel Tonga noch lange keinem gefallen.

So kochte mein türkischstämmiger WG-Mitbewohner Ramazan während unseres Studiums ständig Unmengen von Essen, die ich vertilgen sollte, weil er der Meinung war, ich sei viel zu dünn, um jemals einen Mann zu finden. Und es ist noch keine hundert Jahre her, als auch in den angesagten Metropolen der westlichen Welt ein Mann mit ordentlichem Bauch die besten Heiratschancen hatte, weil man ihm schon ansah, dass er ein guter Versorger war.

Üppige Kurven im Stil von Marilyn Monroe, Gina Lollobrigida oder Sophia Loren sind heute out und fallen durch das Raster des »Schön-ist-gut-Effekts«. Dieser viel zitierten Erkenntnis der Sozialpsychologie zufolge halten wir attraktive Menschen für bessere Menschen, weshalb sie mehr Verehrer haben, interessantere Jobs und vor Gericht sogar mildere Strafen bekommen. Und als schön gilt heute nun mal, wer schlank und fit ist, weshalb schon Elfjährige den Umfang ihrer Oberschenkel messen, weil ihnen körperlich top durchtrainierte, aber offenbar moralisch verkommene Influencerinnen erzählen, wie sie aussehen sollen. Hoffentlich sagt diesen Heranwachsenden auch jemand, dass es eindeutig mehr Lebenslust erzeugt, genüsslich einen Teller Spaghetti zu vertilgen, als hungrig in einem Salat ohne Dressing herumzustochern. Abgesehen davon, wirken ein paar nette Pölsterchen wie Bio-Botox und fühlen sich auch deutlich besser an als klapprige Knochengestelle.

Wie verbreitet der Wunsch nach dem perfekten Körper ist, zeigt eine Umfrage, die das Institut YouGov 2019 durchführte. Ein Drittel der Befragten fühlt sich von Schönheitsidealen unter Druck gesetzt, zwei Drittel würden gerne etwas an ihrem Körper oder Aussehen ändern und sich dafür auch unters Messer legen.

Um sich schön zu fühlen und den vom Zeitgeist bestimmten Idealen zu entsprechen, machen Menschen schon immer die verrücktesten Sachen. Die Operndiva Maria Callas soll sich mit einem Glas

Champagner einen Bandwurm einverleibt haben, der sie tatsächlich ruckzuck um fünfzig Kilo erleichtert haben soll. Nach ihrem Vorbild gestaltete der Künstler Ersan Mondtag die Räume im Frankfurter Museum für Moderne Kunst als den mit Kunstwerken geschmückten Magen der Sängerin, durch den sich ein rund dreißig Meter langer Bandwurm aus Plastik schlängelte. *I'm a problem* war der vielsagende Titel dieser Schau.

Dabei ist das akribische Zusammenrechnen von Nahrungsmittelinhalten zu freud- und trostlosen Zahlenkolonnen ohnehin ein müßiges Unterfangen, weil beinahe jede Erkenntnis über Sinn und Unsinn bestimmter Ernährungsstrategien irgendwann, und zwar ziemlich schnell, wieder überholt ist. Davon erzählt schon Woody Allen in seiner Science-Fiction-Parodie *Der Schläfer*. Darin wird Miles Monroe, der im New York der 1970er-Jahre das vegetarische Restaurant Zur glücklichen Karotte betreibt, nach einer misslungenen Operation in künstlichen Tiefschlaf versetzt und erwacht zweihundert Jahre später in einer anderen Welt. Nicht nur technisch und politisch hat sich alles verändert, sondern das meiste, was zu seiner Zeit als schädlich galt, wird nun als das Gesündeste überhaupt gepriesen: gesättigte Fette, wie sie in

Schweinebauch und Kakao mit Sahne stecken, aber auch Zigaretten und Alkohol.

Jedes Mal, wenn wieder ein neues Ernährungsmantra ausgegeben wird, muss ich an das verdutzte Gesicht von Miles Monroe alias Woody Allen denken. Denn auch uns wird ja ständig etwas anderes erzählt. Mal sollen wir wie in der Steinzeit nur noch Fleisch essen, dann am besten doch lieber nur noch Pflanzen. Ein Experte rät uns, das Abendessen möglichst oft wegzulassen, während sein Kollege behauptet, es sei völlig egal, zu welcher Uhrzeit man isst, Hauptsache, man esse das Richtige. Aber was das eigentlich sein soll, scheint kein Mensch mehr zu wissen.

Wie meinte der beleibte Winston Churchill? »Man soll dem Leib etwas Gutes bieten, damit die Seele Lust hat, darin zu wohnen.«

NICHT AUFRÄUMEN

In den ersten Wochen unseres Kennenlernens trafen mein Mann und ich uns, wenn wir nicht zusammen ausgingen, ausschließlich in meiner Wohnung. Als ich ihn endlich auch einmal besuchen durfte, war bereits im Flur unübersehbar, weshalb er mich erst so spät in die Höhle des Löwen vorgelassen hatte. Es sah aus, als hätte jemand den Inhalt der Wohnung in eine Schneekugel gepackt, kräftig durchgeschüttelt und anschließend alles liegen lassen. Seine Erklärung für die über den Boden verstreuten Papiere, die nicht ausgepackten Umzugskisten und Bücherberge war aber offenbar so gut, dass ich ihn trotz laut klingelnder Alarmglocken geheiratet habe. Über die Jahre hat er sich in eine Art domestizierten Messie verwandelt, der durchaus in der Lage ist, in den gemeinsam genutzten Räumen eine gewisse Ordnung zu halten. In seinem Zimmer macht er selbstverständlich weiterhin, was er will. Schließlich ist er erwachsen, und abgesehen davon scheint es nicht für alle Menschen erstrebenswert zu sein, sich mit so wenig Dingen wie möglich zu umgeben und ihnen feste Orte zuzuweisen, an denen sie ordentlich verstaut werden. Es gibt schließlich so viel anderes, womit man seine Zeit verbringen kann, etwa ein Nickerchen machen, alte Zeitungen lesen, statt sie auszusortieren, herumlümmeln oder ein Liedchen pfeifen. Wer (wie ich) zwanghaft auf bestimmte, nur für mich selbst erkennbare Ordnungssysteme pocht und noch nicht einmal den Mantel ausziehen kann, bevor alles wieder an seinem Platz steht, versucht nur, seiner inneren Unsicherheit durch äußere Gerüste Halt zu geben, erklärte mir ein Psychoanalytiker.

Für mehr in sich ruhende Persönlichkeiten kann es offenbar inspirierend und gemütlich sein, tagsüber auf einem ungemachten, mit Arbeitsunterlagen bedeckten Bett zu liegen und den Blick über Kleiderberge, benutzte Strümpfe, leere Kartons oder Platten- und CD-Hüllen schweifen zu lassen. Wie in einem blühenden Garten bietet auch die wuchernde Unordnung unendliche Möglichkeiten zu Entdeckungen, nach dem Motto: »Schaut mal, was ich wiedergefunden habe, ich hatte diesen schönen Stift schon ganz vergessen.« Und wer glaubt, nur in einer geordneten, minimalistischen Umgebung könnten klare Gedanken entstehen, sollte sich mal eine Fotografie des legendär chaotischen

Arbeitszimmers der großen österreichischen Lyrikerin Friederike Mayröcker ansehen.

Psychologen der Universität Minnesota fanden heraus, dass ein chaotischer Arbeitsplatz durchaus dazu animieren kann, gewohnte Denkmuster und Konventionen zu verlassen, wenngleich Routinearbeiten besser in einem aufgeräumten Umfeld gelingen. Ordnung und Unordnung haben eben unterschiedliche Funktionen, und man darf sich mit Albert Einstein fragen: »Wenn ein unordentlicher Schreibtisch einen unordentlichen Geist repräsentiert, was sagt dann ein leerer Schreibtisch über den Menschen aus, der ihn benutzt?«

POSTKARTEN SCHREIBEN

»Du alte Mottenkugel, mein Fischbrötchen, Du liebes Eisbein« – so zärtlich grüßt der Schriftsteller Jurek Becker seine Frau Christine auf den zahlreichen Postkarten, die er ihr von seinen vielen Lesereisen schrieb. Die Karten nahm er meist schon von zu Hause mit, um auf jeden Fall ein amüsantes, skurriles Motiv zur Hand zu haben. Die oft absurden, meist fröhlichen Bilder kombinierte er mit pointierten Texten, die zunächst in Schulheften vorgeschrieben und dann auf diese Kleinkunstwerke übertragen wurden. Wobei Becker ein so leidenschaftlicher Postkartenschreiber war, dass er seiner Frau auch dann schrieb, wenn sie ihn auf eine Reise begleitete. Selbstverständlich wurden auch von zu Hause Postkarten verschickt, und zwar nicht nur an die Söhne, an Kollegen und Freunde wie Manfred Krug, Siegfried Unseld oder dessen legendäre Sekretärin Burgel Zeeh. Auch seiner »alten Brummfiedel«, die nebenan saß, schrieb Becker aus dem Arbeitszimmer, brachte die Karte zur Post, sodass das »hochverehrte Schätzchen« die schrulligen Liebesgrüße am nächsten Morgen im Briefkasten vorfand.

An die tausend Postkarten hat Jurek Becker auf seine eigenwillige Weise angefertigt und damit genau genommen ein eigenes Genre geschaffen. Einige Hundert kann man in dem wunderbaren Buch *Am Strand von Bochum ist allerhand los* entdecken: Statt fader Kurzberichte im Stil von »Die Unterkunft ist schön, das Essen schmeckt« finden sich hier furiose Städtebeschimpfungen, freche Kosenamen, und das Ruhrgebiet wird eben auch ans Meer verlegt, wenn das besser ins Kartenkonzept passt. Dass ein so kleines Format solch große Freude bietet!

Anders als bei einer schnell dahingeschriebenen E-Mail, einer Twitter- oder Instagram-Botschaft gilt es für einen gelungenen Gruß in Kartenform, auf kleinstem Raum eine Art Gesamtkunstwerk zu schaffen, draufloszukritzeln, zu kleben und zu reimen und vor allem, sich wirklich etwas einfallen zu lassen. Schließlich handelt es sich um eine offene Mitteilung, die jeder, zumindest aber der Postbote lesen kann. Man sollte sich also Mühe geben und die Fantasie auf Trab bringen, anstatt lieblos »Kontakte zu pflegen« oder sich virtuell mit Leuten zu »befreunden«, die man noch nie gesehen hat und auch nie sehen wird. So wie früher, als man für den jeweiligen Schwarm Kassetten aufnahm und liebevoll dazu passende Hüllen bastelte, in die ein mehr oder weniger verstecktes Liebesgeständnis eingearbeitet wurde. Nimmt man solche Fundstücke später wieder zur Hand, lassen sie, genau wie es bei Tagebüchern und Fotoalben passiert, Vergangenes auf die schönste Weise lebendig werden.

STEINE SUCHEN

Hühnergott, Donnerkeil oder Katzengold, schon die Namen mancher Steine klingen geradezu märchenhaft und wie aus einer anderen Welt. Und wer sich beispielsweise am Ostseestrand auf die Suche nach solchen unscheinbaren Schätzen macht, wird bald merken, wie sich der anfangs noch unruhige Blick fokussiert und bald in eine Art Vergrößerungsfunktion umschaltet. Was zunächst wie eine unendliche, gleichförmige Masse erscheint, erhält zunehmend Kontur und wird nach einer Weile in allen Feinheiten deutlich. Hat man erst das eine oder andere Prachtstück ergattert, wird der Blick klarer, und die eben noch dahinrasende Zeit beginnt fast stillzustehen.

Auch in den Bergen, an Flüssen oder am Wegesrand lassen sich aufregende Funde machen, liegen doch seit einiger Zeit auch bemalte Steine in der Botanik herum, um fotografiert, gepostet und andernorts wieder ausgelegt zu werden. Wobei solche Trends, anders als die Steine selbst, so schnell gehen, wie sie gekommen sind, und deshalb nichts mit der tiefen Leidenschaft zu tun haben, die diese

stillen Geschöpfe wecken können. Bestes Beispiel: der verschrobene, meist ungewaschen im Bademantel vor sich hin schimpfende Herr Fitzke aus Andreas Steinhöfels grandioser Jugendbuchreihe um den tiefbegabten Rico und seinen hochbegabten Freund Oskar. Denn Gustav Wilhelm Fitzke sammelt Steine nicht nur, er züchtet sie und glaubt, es sei ihm gelungen, einen Stein zum Kalben zu bringen. Als Rico ihn fragt, woher er denn weiß, welcher Stein zu welchem gehört, antwortet Herr Fitzke:

»Du musst ein *Gefühl* dafür entwickeln, welcher Stein zu welchem will, das ist alles.«
»Und wenn das Gefühl falsch war?«
»Das kriegst du ganz schnell mit. Wenn sich nach acht, neun Jahren nichts getan hat, trennst du sie wieder. […] Ohne das richtige Gefühl geht gar nix.«

Poetischer und prägnanter lässt sich kaum zusammenfassen, worauf es im Leben ankommt.

Abgesehen davon ist das Steinerweichendste an dieser kostengünstigen Sammelleidenschaft, dass sie auch dann Freude bereitet, wenn man weder eine Zucht anlegt noch die Fensterbänke, Regale oder Schränke mit seinen Prachtstücken zupflastert. Denn man kann sie einfach wieder fortwerfen, ohne dass es irgendwen stört. Die Steine schon gar nicht.

FLECKEN SAMMELN
STATT FALTEN AUFSPRITZEN

Im letzten Sommerurlaub fing meine ältere Tochter auf einmal an, die Unterseiten von Farnen und anderen Blattgewächsen zu fotografieren, auch Steine und Baumrinden wurden hingebungsvoll inspiziert und abgelichtet. Ihr sei aufgefallen, erklärte sie, dass in der Natur an den seltsamsten Stellen Pickel wuchsen, nicht nur auf ihrer Stirn. Deshalb habe sie beschlossen, eine fotografische Pickelsammlung anzulegen, und seither seien ihr die eigenen Pickel egal, da sie ja offenbar nicht allein damit sei.

Nun finden die meisten Eltern die Einfälle und Talente ihrer Kinder hinreißend, und es ist auch nichts Neues, dass Menschen, die in der Lage sind, Dinge, die sie stören oder sogar quälen, künstlerisch umzudeuten, sich oft langwierige Therapien ersparen. Ziemlich sicher dürfte es auch mehr Spaß machen, seine Sorgen und Selbstzweifel in ein kreatives Projekt zu pumpen und etwas daraus zu machen, als an sich herumschneiden, sich die Haut mit aufpolsternden Substanzen unterspritzen oder mit toxischen Pasten verätzen zu lassen.

Wie eine Freundin, die mit einer derartigen, sogar vom Hautarzt durchgeführten Methode ein kleines Rudel Altersflecken am Hals loswerden wollte, stattdessen aber wochenlang wie eine vernachlässigte Schildkröte aussah und die Stelle, kaum dass die Krusten abgeheilt waren, nur umso fleckiger wirkte.

Hätte sie vorher von dem österreichischen Grafikdesigner Stefan Sagmeister gehört, der sich für einen Fotoband als scheckiges Chamäleon inszeniert hat, wäre ihr das vielleicht erspart geblieben. In seinem Film *The Happy Show* erzählt Sagmeister, wie er sich in eine junge Frau verliebt und die beiden sich als Zeichen ihrer Verbundenheit die Leberflecken des anderen auf den Arm tätowieren lassen. Warum sich nicht von den professionellen Problemverwandlern etwas abschauen und, anstatt an sich herumzukritteln, Pickel, Muttermale und Speckfalten sammeln?

Die Bestsellerautorin Ildikó von Kürthy dokumentiert in ihrem Buch *Neuland* sehr unterhaltsam, was dabei herauskommt, wenn man sich auf möglichst vielen Ebenen radikal zu perfektionieren versucht. Sie meditiert, trainiert und verzichtet eine gefühlte Ewigkeit auf Süßigkeiten, Zigaretten und vieles andere, was das Leben verschönern

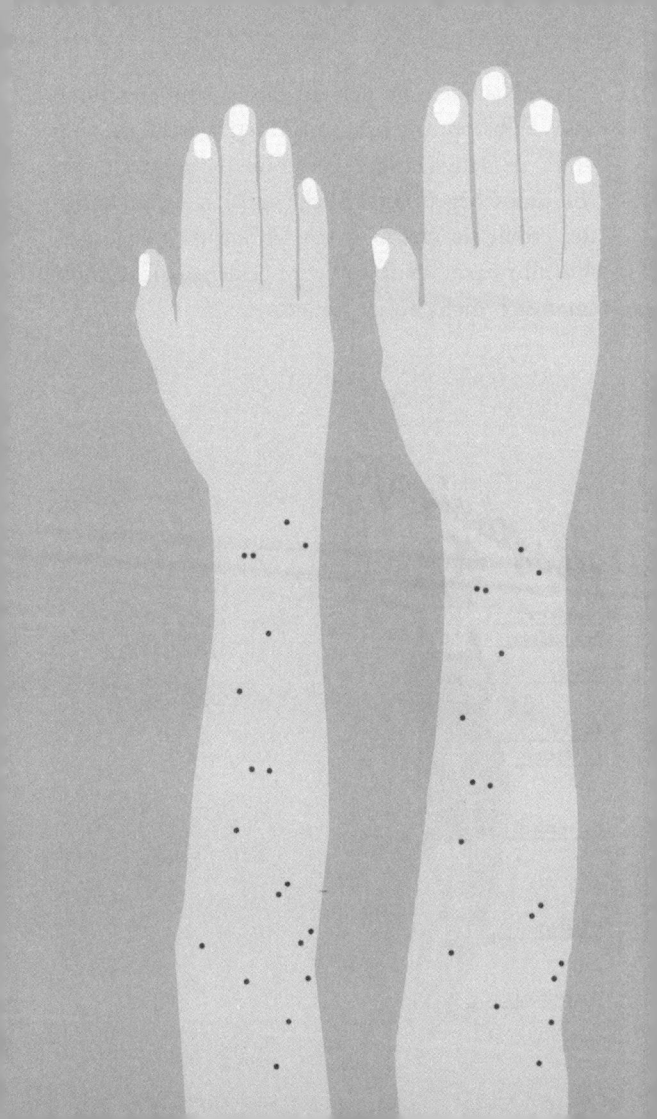

kann. Nachdem sie sich ein ganzes Jahr lang durch die Selbstoptimierungsmaschine geschleust hat und als langhaarige, faltenfreie, durchtrainierte Blondine begehrliche Blicke auf sich ziehen konnte, erteilt sie ihrem neuen Ich entnervt Hausverbot. Ihr Fazit: »Nur weil man besser aussieht, muss man sich nicht besser fühlen.«

SICH NASS REGNEN LASSEN

Regenjacken und Wanderstiefel sieht man längst nicht mehr nur auf Wanderwegen. Selbst auf der eleganten Piazza San Marco, vor dem Buckingham Palace oder auf der Fifth Avenue spazieren die Menschen auch bei lauem Frühlingswetter in Goretex gehüllt durch ihr Leben. Tatsächlich sind diese praktischen Schutzanzüge nicht nur zutiefst demokratische Kleidungsstücke, die alle Menschen, egal wo auf der Welt sie sich befinden, gleich aussehen lassen; sie machen auch das Leben und Erleben an sich gleichförmig: sauber, trocken, berechenbar und damit furchtbar langweilig.

Was ist eigentlich so schlimm daran, ohne Schirm und Jacke nach draußen zu gehen und mit etwas Glück zu erleben, wie dicke Tropfen das Gesicht benetzen, langsam, aber stetig Haar und Kleidung durchdringen, um endlich auf der bloßen Haut anzukommen und sich bis in die letzte Falte hinein auszubreiten? Auf den mehrtägigen Hüttenwanderungen, die wir seit Jahren mit den währenddessen schimpfenden, nachher schwärmenden Kindern absolvieren, gibt es immer einen

Tag, an dem es regnet und einem die Tropfen vom Nacken über den Rücken rinnen, bis die Schuhe bei jedem Schritt quietschen und quatschen. Das unvergleichliche Gefühl, den Launen der Natur ausgesetzt zu sein, und die Erleichterung, den schweren, nassen Stoff endlich wieder los zu sein und im Warmen zu sitzen, prägt sich als wunderbare Erfahrung ein. Wie damals bei dem charmanten Franzosen, der uns zum Trocknen in seine Garage lotste und mit Kaffee und frisch gebratenen Garnelen verwöhnte.

Warum bis zum nächsten Urlaub warten, um etwas zu erleben, das so einfach und schön ist? Es reicht schon, Schirm und Gummijacke zu Hause zu lassen, rauszugehen und ein paar Schritte wie Debbie Reynolds und Gene Kelley zu tanzen, um sich frisch und wild zu fühlen.

SICH GRUSELN

Stehe ich zu nachtschlafender Zeit in der Küche, um Schulbrote zu schmieren, und auf einmal springt mich von hinten ein knapp anderthalb Meter hohes Schlafanzugmonster an, kann ich mir den Kaffee eigentlich sparen. Ein ordentlicher Schreck (»Spinnst du, mich so zu erschrecken!! Ich fall gleich tot um!!«) jagt den Adrenalinspiegel kräftig in die Höhe und hat, im Gegensatz zu Koffein und anderen anregenden Substanzen, keine Nebenwirkungen, vom hysterischen Erleichterungsgekicher abgesehen. Überhaupt hat es viele positive Effekte, sich innerhalb eines sicheren Rahmens künstlich auf- und wieder abzuregen. Das wusste bereits der griechische Philosoph Aristoteles, der vor rund zweieinhalbtausend Jahren eine Dramentheorie verfasste, die bis heute Geltung hat. Der aristotelischen *Poetik* zufolge ist eine der wichtigsten Funktionen der Tragödie die sogenannte »Katharsis«, eine Art seelische Reinigung, die sich einstellt, wenn die Zuschauer »Furcht und Schrecken« erleben, indem sie am bedauernswerten Schicksal des Helden Anteil nehmen. So konnten die viel beschäftigten Athener, ohne sich tatsächlich in Gefahr zu begeben, heftige Emotionen erleben, für die in ihrem anstrengenden Alltag kein Platz war.

Genau wie heute, wo überarbeitete Menschen sich an Gummiseilen von Brücken stürzen, Achterbahn fahren oder Horrorfilme schauen, um die körpereigene Hexenküche richtig anzukurbeln.

Was vom Körper als Notfallprogramm eingeplant ist, um uns Feuer unterm Hintern zu machen, wenn sich ein wilder Bär im Gebüsch bemerkbar macht, funktioniert auch unter künstlich hergestellten Bedingungen: Nach der Angst springt das Belohnungssystem an und schüttet ordentlich Glückshormone und körpereigene Opiate aus. Neurowissenschaftler der Universität in Pittsburgh haben herausgefunden, dass Menschen, die sich gegruselt haben, wie nach einer Meditation, messbar entspannter sind. Außerdem glauben die Forscher, dass Geisterbahn und Monsterfilme das Selbstbewusstsein steigern können – quasi Angsttherapie mit Spaßfaktor.

Das Beste am prickelnden Gruseleffekt ist aber, dass man ihn erleben kann, ohne überhaupt aus dem Haus gehen zu müssen. Denn zum Glück fing irgendwann jemand damit an, sich schaurige

Geschichten auszudenken, die einen derart unter Strom setzen können, dass an Schlaf nicht mehr zu denken ist, und das ganz ohne Hallo-Wach-Pillen oder -Pülverchen. Der böse Bär kann also auch nur ein ausgedachter Killer sein, die adrenalingefluteten Alarmglocken klingeln trotzdem, manchmal die halbe Nacht lang. Ich zumindest trau mich nach einem richtig guten Krimi oft nicht mehr, die Nachttischlampe auszuschalten. Was sich genauso anfühlt wie mit acht oder elf, als man sich noch jeden Abend fragte, was eigentlich im Dunkeln so passiert, Stichwort Matratzenmonster!

Hin und wieder ein bisschen Schrecken und Schaudern zu erleben, wirkt wie eine luxuriöse Frischzellenkur für die wohlstandsvernachlässigten Gefühle. Wer sich gruselt und fürchtet, denkt nicht mehr groß nach, wie er schneller, schöner, jünger oder effizienter werden kann, sondern ist voll da: herrlich unentspannt im Hier und Jetzt.

DURCH EIN ZIMMER REISEN

Jedes Jahr muss meine unpünktliche Freundin Eva mit ihrem Mann die gleiche ermüdende Diskussion ausfechten, um diesen hochintelligenten und humorvollen Menschen dazu zu bringen, seinen Schreibtisch zu verlassen und mit ihr ein paar Tage zu verreisen. Bis nach Südtirol oder Mallorca lässt er sich meist widerwillig von ihr treiben. Obwohl er doch viel lieber die inspirierende Monotonie des Alltags genießen, seine liebgewonnenen Rituale pflegen und einmal am Tag hingebungsvoll staubsaugend einen Streifzug durch die geräumige Wohnung der beiden unternehmen würde.

Ob sich die wahren Abenteuer des Lebens draußen in der weiten Welt oder drinnen in der Stube abspielen, ist ein altbekannter Streit, der selten so prägnant ausgefochten wurde wie in Daniel Kehlmanns Roman *Die Vermessung der Welt*. Darin zankt der notorische Stubenhocker Carl Friedrich Gauß, der sich den gesamten Kosmos nur mit Stift und Zirkel erobert, mit dem Weltreisenden Alexander von Humboldt über diese Frage.

Wobei es in vielen Situationen sehr nützlich

sein kann (siehe Corona), nichts als die eigene Fantasie zu benötigen, um die Welt zu entdecken. Das erkannte auch der weitgereiste französische Adelige Xavier de Maistre bereits im Jahr 1794. Als er nach einem Duell zu zweiundvierzig Tagen Hausarrest verurteilt worden war, beschloss er, diese Strafe als Geschenk zu nehmen, das Nächstliegende als Abenteuer zu betrachten und sich zu einer Tour d'Horizon aufzumachen. Sein Bett, ein Stuhl, der Schreibtisch, einige Bilder, die einfachen Gegenstände führen den Gefangenen in den unendlichen Raum seiner Fantasie, seiner Erinnerungen, ja der ganzen Welt. Die Autoritäten, die ihm untersagt haben, auszugehen, schreibt er, »haben mir das ganze Universum überlassen. Die Unermesslichkeit und die Ewigkeit stehen zu meinen Diensten.«

Xavier de Maistre war der Erste, der auf die Idee kam, einen eng umgrenzten, alltäglichen Lebensraum so zu betrachten, dass er ihn in Regionen führte, die so überraschend und erkenntnisreich sein können wie die Entdeckung eines unbekannten Kontinents. »Xavier de Maistre ist weit herumgekommen, aber nirgendwo weiter als in seinem eigenen Zimmer«, diagnostiziert der österreichische Essayist Karl Markus Gauß, der ihm rund zweihundert Jahre später nacheiferte und ebenfalls das eigene Zimmer und Haus zum Ausgangspunkt einer literarischen Expedition erklärte. Wie viele vor und nach ihm. Denn kaum war de Maistres Zimmerreise erschienen, erkundeten auch andere mit poetischen Mitteln ihr Schlaf- oder Kaminzimmer, den Weinkeller oder gar die Hosentasche. Sophie von La Roche zum Beispiel, erfolgreiche Autorin zahlreicher Romane und Reiseberichte, erklärte fünf Jahre, nachdem de Maistres Buch erschienen war, ihren Schreibtisch zum Ausgangspunkt einer viele Hundert Seiten umfassenden Exkursion. Was aus heutiger Sicht wie ein Vorgriff wirkt auf das, was Virginia Woolf später in ihrem Essay *Ein Zimmer für sich allein* klarstellte: Wer schreibt, braucht fünfhundert Pfund im Jahr und einen Ort, an dem er ungestört arbeiten und für sich sein kann. Was freilich nicht nur für Frauen und Schreibende gilt. Sich einen eigenen Raum zu schaffen, in dem die Fantasie unbehelligt spazieren gehen darf, kann anregender sein als jede kostspielige Fernreise.

ALTE ZEITUNGEN LESEN

Timur und sein Trupp heißt ein Jugendbuch von Arkadi Gaidar, das in der DDR in zahllosen Neuauflagen erschien, ganze Generationen junger Leser prägte und der sozialistischen Nachbarschaftshilfe ihren Namen gab: Die »Timurhelfer«, das waren Jungpioniere, die an den Türen der Plattenbauten klingelten, um Glasflaschen, Buntmetall oder alte Zeitungen abzuholen, sie zur Rohstoffabgabestelle brachten und sich ein bisschen was dazuverdienten. Ausuferndes Messietum wurde im Ostblock also nicht nur durch die Mangelwirtschaft verhindert, sondern vor allem, weil selbst der größte Horter seinen Unrat sortieren und an der Wohnungstür übergeben musste.

Dass sich in seinem Zimmer stets mehrere Stapel mit alten Zeitungen befinden, liegt vor allem daran, so mein Mann, dass seit der Wende weder Timur noch sein Trupp regelmäßig bei uns klingeln, um unordentlichen Menschen wie ihm bei der Lebensgestaltung behilflich zu sein. Ein schönes Beispiel für eine recht originelle Ausrede (siehe »Gute Ausreden erfinden«, S. 180).

- **Magerkeit**
- volle Körperform, d. uns.
Kraftpillen oder Kraft-
preisgabe, mit gold. Med.
chtzug. 25 Jahre weltbe.
ot. unschäd. Aerztl. emp-
m. Streng reell. Viele Dank-
sibb. Preis reell. (100 Stück)
h. Porto extra. Postanw.
Nachnahme. D. Franz Steiner & Co.,
B., Berlin W 30/278, Eisenstraße. 18

Die Mauer ist offen

TITANIC SINKS

OZONLOCH WEG!

Bald

Weltberühmter
Bartwuchs-Förderer!
Extra stark. Erfolg i
wenigen Tagen. P
Nachn. 3.50 Goldm

US-Präsident:

am Ende

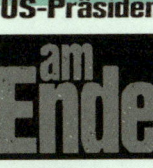

Sprechapparate
zu Fabrikpreisen

Verlangen
die Liste B

Meinel & Herold
Sprechapparate-
Fabrik
Klingenthal/Sa. № 353
Schallplatten Mk. 2.50 pr Stück.

Wird Geschafft!

Merkel
unsere erste
Bundeskanzler IN ???

Millionen-
Schmuggel

VOTES FOR WOMEN

O- und X-Beine
Verdeckungsapparate-
Prospekt grat. geg. Rückpor
GUSTAV HORN & Co., Magdeburg-B

WIR SIND
FRAUEN STIMMRECHT
PAPST!

Streit
9 Villen statt
50 Wohnungen

NEI
Ja

Neue Rechtschreibung

Vertrauliche Auskünfte
über Vorleben, Familien-,
Vermögens- und Privatver-
hältnisse auf alle Orte.
cherchen und Beobachtungen.
Beyrich & Greve,
lle a. S. 2, Intern. Auskunftei.

**Blühende
Landschaften?**

**Alles
beim Alten**

Wobei das bloße Stapeln und Horten von Zeitungen in diesem Fall gar nicht das eigentliche Kuriosum ist, sondern die Tatsache, dass diese Dokumente des schnelllebigen Zeitgeistes von ihm tatsächlich aufbewahrt werden, um zu einem späteren Zeitpunkt gelesen zu werden. Liegt bereits eine üppige Portion Staub auf der, sagen wir mal, drei Monate alten Tageszeitung, liest man sie viel konzentrierter, behauptet mein Mann. Alles Überflüssige sei einem bereits bekannt, sodass man direkt zu den wissenschaftlichen, literarischen und wirtschaftspolitischen Hintergrundberichten übergehen könne, da alles, weshalb normale Menschen eine Tageszeitung lesen, sich bereits in Schall und Rauch aufgelöst habe.

KALTES ABENDBROT SERVIEREN

Gewürzgurken und Radieschen, hartgekochte Eier, ein Stück Räucherfisch oder ein Wurstsalat, dazu ein gemischter Brotkorb und ein kühles Getränk – fertig ist ein Abendbrottisch, über den sich viele Gäste mehr freuen, als wenn man ihnen eines dieser prätentiösen Modegerichte kredenzt, für deren Zubereitung man sich einen Tag Urlaub nehmen muss.

Beim kalten Abendbrot ist für jeden etwas dabei. Glutenfreier Kochschinken, vegane Tomatenviertel, Low- oder High-Carb-Schnittchen, notfalls muss ein knackiges Silberzwiebelchen reichen, das harmoniert mit fast jeder Essensideologie. Noch dazu können beim kalten Abendbrot sämtliche Reste aufgetischt und verbraucht werden, was zeigt, wie fortschrittlich und nachhaltig dieses zu Unrecht als spießig abgetane, typisch deutsche Essen in Wahrheit ist.

Ein Arrangement aus Wurst- und Käseplatten, russischen Eiern oder einem Schüsselchen des in meiner Heimatregion sehr beliebten, kräftig riechenden Handkäs mit Musik wecken bei den meisten Menschen Kindheitserinnerungen an Omas blitzsauber geschrubbte Brotbrettchen, die während der Rudi-Carrell-Show auf den Knien balanciert wurden. Und Nostalgie ist nun mal nicht die schlechteste Stimmung, um gute Tischgespräche anzukurbeln. Werden erst die Schälchen herumgereicht und die Brote beschmiert, kommen die Geschichten wie von selbst mit auf den Tisch. Allein der Austausch über die unterschiedlichen Bezeichnungen fürs Brot (Stulle, Schnitte, Knifte) bzw. Brotende (Knust, Knippchen, Ranft, Kante usw.) kann abendfüllend sein.

Weil jede Familie zwar ähnliche, aber individuell verschiedene Abendbrotgewohnheiten pflegt, handelt es sich bei dieser Speiseform auch soziologisch gesehen um ein ergiebiges Forschungsfeld. Meine Künstlerfreunde Ingke und Jörg erkunden seit Langem auf performative Weise die Abendbrotgewohnheiten ihrer Mitmenschen. Bei ihren sehr munteren »Abendbrotkongressen« werden die Besucher zu zufällig zusammengewürfelten Tischgruppen arrangiert: »Auswärtige + Menschen mit Hang zu gekochten Eiern« sitzen »Generaldilettanten + Freunden der sauren Gurke« gegenüber, und das Angebot wird absichtlich mangelhaft gehalten, damit fleißig um Rotwein oder Käse ver-

handelt und getauscht werden muss: Gedichtrezitationen werden gegen Knäckebrot getauscht, Biertrinker verbrüdern sich mit Nutellasüchtigen, und jeder kann sich durch kunstvoll arrangierte Butterbrote als Abendbrotexperte beweisen. Nicht umsonst heißt ein Kunstwerk, das Ingke auf einer Wachstischdecke angefertigt hat: »der knust ist fast kunst«.

HERUMLÜMMELN

Auf dem Sofa liegen und sich über die im Sonnenlicht tanzenden Staubkörner freuen, Löcher in die Luft starren oder sich in die Flugbahn einer Fliege versenken – es gibt wohl kaum eine angenehmere Ausgangsposition, um philosophische Betrachtungen über die Unvorhersehbarkeit des Daseins anzustellen oder für sich allein ein Lied zu singen. Auch die Arbeit an einem geheimen Kopftagebuch, in dem herausragende Erlebnisse wie missglückte Flirtversuche, absurde Urlaubsunterkünfte oder schlechter Sex dokumentiert und umgehend wieder gelöscht werden, gelingt am besten beim Herumlümmeln. Dazu braucht es nichts weiter als eine halbwegs bequeme Unterlage, etwas Zeit und die Abwesenheit anderer Menschen. Schließlich gebietet es die Höflichkeit, sich im Büro, im öffentlichen Raum oder im Kreis der Familie einigermaßen zusammenzureißen und an den richtigen Stellen zu antworten oder nachzufragen.

Geistesabwesend durch ferne Galaxien zu cruisen und dabei zu vergessen, ob alle Körperteile ordentlich sortiert abgelegt wurden, ist ein herrlich

tiefenentspannter Modus, bei dem Manieren und andere Äußerlichkeiten komplett in den Hintergrund treten. Erst außerhalb der zwischenmenschlichen Kontrollzone macht es richtig Spaß, kalte Spaghetti direkt aus dem Topf zu essen, mit einer Tiefkühlpizza vor dem Fernseher abzuhängen, die Füße auf dem Tisch, den Finger in der Nase und für unbestimmte Zeit nichts zu tun, außer sich zu räkeln, zu gähnen oder laut zu seufzen.

Jugendliche beherrschen diese unkomplizierte Entspannungstechnik (zum Leidwesen ihrer Erziehungsberechtigten) in Perfektion. Wurden sie eine Weile durch die Mühlen des Erwerbslebens gedreht, verlernen sie diese Fähigkeit meist vollständig und benötigen dann kostspielige Hilfsmittel, um einen ansatzweise vergleichbaren Zustand zu erreichen. Das Chillen, wie das Herumgammeln oder -lümmeln auch genannt wird, ist also eine Fähigkeit, die man als Erwachsener von Jugendlichen wieder lernen kann. Anstatt einen weiteren Pubertätskonflikt auszufechten, einfach dazulegen und gemeinsam abhängen. Es gibt keine unaufwendigere und einfachere Form des sanften Widerstands gegen die Herausforderungen der allzeit produktiven Konsumwelt.

UMWEGE STATT ABKÜRZUNGEN

Für ein durchoptimiertes Leben scheint es ungeheuer wichtig zu sein, bei jeder Gelegenheit Zeit zu sparen. Statt einfach am Bahnsteig zu stehen und auf die S-Bahn zu warten, tüftelt ein guter Bekannter von mir permanent mittels seiner BVG-App aus, welche Verbindung die schnellste ist und aus welchem Wagen der Übergang an der Umsteigestation am kürzesten ist, sodass es vollkommen unmöglich ist, mit ihm ein nettes Gespräch zu führen, die Leute zu beobachten oder die Gedanken schweifen zu lassen. Selbstverständlich ist dieser Bekannte auch überzeugter Kurzstreckenflieger, absolviert mit Begeisterung diverse Warteschlangen am Flughafen und lässt von genervten Sicherheitsleuten seine Schmutzwäsche inspizieren, anstatt in einen Zug zu steigen und dort stundenlang zu tun, wozu man Lust hat, also lesen, aus dem Fenster schauen, in den Speisewagen gehen oder mit Zufallsbekanntschaften plaudern.

Bei all den Diskussionen, die ich mit solchen Flugzeugverfechtern bereits geführt habe, amüsiert es mich immer wieder, dass das Argument, man spare ungeheuer viel Zeit, jeden Einwand sticht, so als wäre Zeitersparnis der höchste Anspruch an sich und das Leben.

Es ist schon eine Weile her, dass Michael Ende in seinem Roman *Momo* die bösen grauen Herren, die den Menschen die Zeit stehlen, ins Spiel brachte und eindrücklich zeigte, dass das Leben nicht unbedingt schöner wird, wenn man sich abends nicht mehr die Zeit nimmt, am Fenster zu stehen und über den Tag nachzudenken oder seine alte Mutter zu besuchen und ein paar Stunden bei ihr herumzusitzen. Dabei gab es, als Momo uns auf sympathische Weise ermahnte, das bisschen Lebenszeit, das jeder auf seinem Konto hat, doch einfach zu genießen, noch gar keine Computer, die jeder in der Hand- oder Hosentasche mit sich herumträgt und die all die gesparte Zeit wie gierige kleine Haustiere auffressen, ohne einen Krümel übrig zu lassen.

Längst hat sich die Idee der Sparsamkeit auch auf andere Bereiche wie Aufmerksamkeit und Ausdrucksweise ausgedehnt, etwa wenn ganze Elterngenerationen lieber ins Handy schauen anstatt ins Gesicht ihres Babys, das vor ihrer Nase im Kinderwagen sitzt, oder elektronische Nachrichten in einer aus diesen Medien selbst generierten Abkürzungsmanie verfasst werden, deren Nutzen sich nicht unmittelbar erschließt. Oder was bringt es, wenn man, wie es ein Kollege tut, seine E-Mails mit der Verabschiedungsformel »Herzl. Grüße« beendet?

Zugegebenermaßen kann aus der Abkürzungslust auch eine bizarre Kreativität herauswuchern. Geradezu wunderbar finde ich eine Geschichte, die mir eine Kollegin erzählte: In der Küche einer Freundin habe es einen Wandkalender gegeben, in den die Mutter jener Freundin sämtliche Geburts- und Todestage akribisch eingetragen habe. Auch den von Onkel Günter, der sich in selbstmörderischer Absicht samt seinem Gartenhaus in die Luft gesprengt hatte. Anstatt seinen Namen und ein Kreuz in den Kalender zu schreiben, habe die Mutter der Freundin vermerkt:

»O. Gü. expl.«

PROKRASTINIEREN

Sortiert mein Mann wieder einmal hingebungsvoll in der Küche die Gewürzschublade, hat ihn vermutlich der Steuerberater an noch fehlende Unterlagen erinnert. Wurde meine jüngere Tochter bereits mehrfach ermahnt, endlich die Englischvokabeln zu lernen, klappert es bald in der Küche, und sie backt erst mal einen Kuchen, und ich selbst schreibe viel lieber diesen Text, als endlich die unverständlichen Formulare auszufüllen, die seit Wochen meinen halben Schreibtisch blockieren.

Je intensiver die Unlust in Anbetracht einer anstehenden Tätigkeit, desto einfallsreicher wird man im Erfinden alternativer Beschäftigungen. Zumindest sofern man zu einem erstaunlich weit verbreiteten Persönlichkeitstypus gehört, dessen auffallendstes Merkmal das »Prokrastinieren« ist. So nennt sich die Praxis des Vor-sich-Herschiebens unangenehmer Pflichten, die sich quer durch alle Bevölkerungsschichten und auf die unterschiedlichsten Aufgaben- und Tätigkeitsfelder erstreckt. Max Goldt definiert den Begriff in seinem Artikel *Prekariat und Prokrastination* als »ein nicht zeitman-

gelbedingtes, aber umso qualvolleres Aufschieben dringlicher Arbeiten in Verbindung mit manischer Selbstablenkung, und zwar unter Inkaufnahme absehbarer und gewichtiger Nachteile«.

Die hochgradig produktiven Profi-Prokrastinierer Kathrin Passig und Sascha Lobo haben dem Phänomen ein facettenreiches Kompendium gewidmet. Erfreulicherweise erklären sie darin weder, wie man sich diese »Unsitte« möglichst schnell abgewöhnt, noch verteilen sie Tipps für mehr Selbstdisziplin oder fordern dazu auf, den Herausforderungen der modernen Welt zu entsagen und den Rest seines Lebens als Hirte oder im Kloster zu verbringen. Vielmehr handelt es sich um eine Art Trostbuch für all jene, die wegen ihrer etwas umständlichen Art, den Alltag zu bewältigen, mit einem schlechten Gewissen herumlaufen. Denn die inspirierende Kernthese lautet: Nicht der Prokrastinierer muss sich ändern, sondern die freudlose und effizienzfixierte Welt, in der er lebt.

Wozu soll man aufräumen, wenn es wenige Stunden später genauso aussieht wie vorher, und weshalb lohnt es sich, die Post zeitnah zu öffnen, wenn ohnehin kein handgeschriebener, nach Veilchen duftender Liebesbrief dabei ist? Wohin das Effizienzmantra »Was du heute kannst besorgen, das verschiebe nicht auf morgen« führen kann, zeigt Jack Nicholson mit irrem Blick, während er diesen Satz in Stanley Kubricks Meisterwerk *Shining* endlos in die Schreibmaschine hackt.

Prokrastinieren hat viel weniger mit Faulheit zu tun, als allgemein behauptet wird: »Unter den Beschäftigungen, denen man nachgehen kann, während man um die eigentliche Arbeit herumschleicht, belegt untätiges Herumliegen keineswegs einen der vorderen Plätze«, heißt es bei Passig und Lobo. »Im Gegenteil: Je dringender man arbeiten müsste, desto stärker wird die Motivation, stattdessen etwas ganz anderes zu tun.« Und wird erst einmal das Zaubermittel *Motivation* wirksam, entstehen gerade auf Umwegen häufig die erstaunlichsten Dinge: »Linus Torvalds brauchte acht Jahre, um sein Informatikstudium abzuschließen, weil er währenddessen das Betriebssystem Linux entwickelte. Isaac Newton vernachlässigte die Arbeit auf der Farm seiner Mutter, weil er lieber Bücher las. Robert Schumann spielte Klavier, anstatt sich seinem Jurastudium zu widmen. Und Leonardo da Vincis Arbeit als Hofmaler blieb liegen, weil Geometrie ihn mehr interessierte.«

Prokrastination kann also eine ziemlich produktive Methode sein, etwas Außergewöhnliches zu schaffen. Und da es sich um ein stabiles Persönlichkeitsmerkmal handelt, das weder auf gute Vorsätze noch auf therapeutische Maßnahmen anspricht, sollten ausgeprägte Prokrastinierer nur eine Sache nicht länger aufschieben: sich selbst zu akzeptieren.

ANDERE ANSTATT
SICH SELBST BEOBACHTEN

Neulich erklärte mir meine jüngere Tochter bei einem abendlichen Stadtspaziergang, wie viel Freude es ihr bereite, die dunklen Fenster der Wohnhäuser zu betrachten und sich auszumalen, was die Leute, die dahinter leben, gerade tun. Ob sie ins Kino, Theater oder zu Freunden gegangen sind oder ob hinter dem unbeleuchteten Fenster das Schlafzimmer liegt, das darauf wartet, belegt zu werden, während sich das eigentliche Leben im Verborgenen, gleichsam auf der anderen Seite der Dunkelheit, abspielt. Die Diskretion meiner Tochter beeindruckte mich, denn ich selbst bin eindeutig voyeuristischer veranlagt und bevorzuge den direkten Einblick, den ein hell erleuchtetes Fenster gewährt: Schrankwände und überfüllte Bücherregale, seltsame, von der Sichtachse schräg durchschnittene Gemälde oder die sich unbeobachtet fühlenden, durchs Bild gehenden Bewohner bieten ein stummes Schauspiel, an dem sich die Fantasie entzünden kann.

Was ebenso auf umgekehrtem Weg funktioniert, indem man einen Blick aus dem Fenster wirft oder

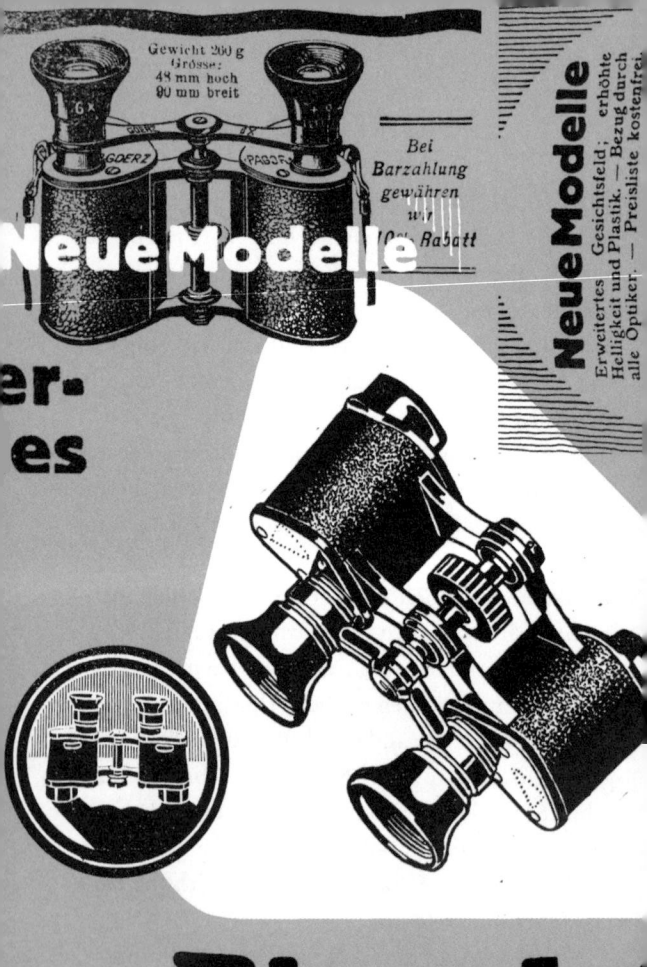

hinaus ins Leben geht und sich fragt, welchen Beruf der alte Mann, der sich jeden Nachmittag von seinem Hund spazieren führen lässt, wohl früher ausübte. Was mag der Bäckereifachverkäuferin derart die Laune verhagelt haben, dass man seit Jahren Angst hat, von ihr bedient zu werden, und mit welchen Gefühlen ist die Nachbarin vor fünfzig Jahren in die Wohnung nebenan eingezogen?

Andere Menschen zu beobachten und sich auszumalen, wie ihr Leben aussieht, ist wie Geschichten aus dem Stegreif schreiben und womöglich längst eine bewährte Übung in Kursen für kreatives Schreiben. Gesichter und Frisuren, Gesten und Gangarten, Sprechweisen und Ticks lassen sich wie Romane lesen und bieten komplexere Anregungen als Sportschuhsensoren, Kalorientabellen oder Likes. Wer eher menschenscheu oder misanthropisch veranlagt ist: Auch Vögel, Wolken oder Hunde im Park zu beobachten, ist eindeutig spannender als die trostlosen Zahlenkolonnen, die der eigene Körper hergibt.

STREICHE SPIELEN

Bis zu welchem Alter man Klingelmännchen spielen darf, darüber tauschen sich Erwachsene ernsthaft im Internet aus. Die sympathischste Antwort lautet: solange es die Gesundheit zulässt und man in der Lage ist, so schnell wie möglich um die Ecke zu flitzen und sich kaputtzulachen. Denn darum geht es beim Streichespielen und anderen Albernheiten: zu lachen, bis die Tränen fließen, man nach Luft schnappt und einem der Bauch wehtut.

Als Kinder konnten meine Cousine und ich uns derart weglachen, dass wir eine Zeit lang beim Essen getrennt wurden: Eine saß bei den Erwachsenen, die andere am Küchentisch. Kaum sahen wir uns an, prustete eine von uns los, ohne Anlass, und falls es einen gab, hatten wir ihn, vor lauter Lachen, sofort vergessen.

Als Erwachsener macht man »so was« nicht mehr, schließlich hat man es oft genug gesagt bekommen: Sei nicht so albern, hör auf zu kichern, lass den Blödsinn, lauten die gebetsmühlenartig vorgebrachten Ermahnungen zur frühkindlichen Selbstoptimierung, die zur Folge haben, dass man mit Erwachsenen nicht mehr spielen kann, wie mir meine Töchter erklärten, sobald ich mich an ihren Rollen- oder Puppenspielen beteiligen wollte. Erwachsene sind viel zu ernst und tun immer nur so, als würden sie spielen, lautete die vernichtende Erklärung, mit der ich aus dem Kinderzimmer geschickt wurde.

Tatsächlich scheint man durch jahrelange Ermahnungen und wachsende Selbstreflexion zu einem so gesitteten Wesen zurechtgestutzt zu werden, dass man nicht nur verlernt, mit den Fingern zu essen oder im Beisein anderer verträumt zu popeln, sondern auch die Fähigkeit, eine Prinzessin oder ein armes Waisenkind zu sein, also im Spiel zu versinken und sich in andere Welten zu beamen.

»Flow« nennt der ungarisch-amerikanische Forscher Mihaly Ciczentmihaly diese Fähigkeit, die Erwachsene durch Hobbys, Brettspiele, Sport, einen kreativen Beruf oder mithilfe berauschender Substanzen wiederzubeleben versuchen. Trotzdem ist es etwas anderes, ob man sich mit rauchendem Kopf übers Schachbrett gebeugt in den Flow hineinbrütet oder vor lauter Kichern Schluckauf bekommt, weil beim Vater-Mutter-Kind-Spiel einer laut gepupst hat. Ob diese Energie noch irgendwo schlummert und zu neuem Leben wachgekitzelt werden kann, lässt sich ganz einfach testen, indem man mal wieder einen Klingelstreich macht. Psychologen der Universität Halle fanden in einer Studie über »verspielte Erwachsene« heraus, dass Menschen, die gern herumalbern, leichter neue Perspektiven einnehmen und origineller denken. Abgesehen davon ist es ausgesprochen gesund, sich wie mein Mann, jedes Mal, wenn er uns vom Zug abholt, am Bahnsteig zu verstecken und sich mehr als die Kinder zu freuen, wenn die ihn endlich gefunden haben. Dreihundert Muskeln sind beim Lachen aktiv, Stoffwechsel und Abwehrkräfte werden angekurbelt, die schnelle Atmung pumpt ordentlich Sauerstoff ins Blut, und liegt man sich anschließend erschöpft, aber glücklich in den Armen, weiten sich die Arterien, und das Herzinfarktrisiko sinkt. Vorbildliche Prophylaxe also, was alberne Menschen da treiben.

Spielen Sie Verstecken, scheuchen Sie ältere Leute, denen Bewegung schließlich auch guttut, mit Ihren Klingelstreichen vom Sofa, oder verwickeln Sie den Verkäufer in ein Gespräch, während hinter Ihnen die Schlange immer länger wird. Sie werden sich prächtig amüsieren.

ANDENKEN SAMMELN

Jedes Mal, wenn es bei uns Pellkartoffeln gibt und ich den dreizackigen Kartoffelspieß aus Edelstahl in die dampfende Knolle stecke, denke ich an meinen Vater, an seine auf Hochglanz polierte Küche und daran, dass er nicht nur Sauberkeit und Ordnung liebte, sondern auch mehlige Kartoffeln. Die kleine, kompakte Gabel, die ich mir nie gekauft hätte, ist aus seinem Haushalt in meinen gewandert und verbindet mich seitdem genau genommen eindringlicher mit meinem Vater als so manche Kostbarkeit, die er mir ebenfalls hinterlassen hat. Sein Ledersessel, zwei schmale afrikanische Holzfiguren, Fotografien und ein goldgerahmtes vierblättriges Kleeblatt haben in unserer Wohnung Platz gefunden und geben mir das Gefühl, dass mein Vater immer noch da ist, um mit seiner übertrieben positiven Einstellung zum Leben das nötige Gegengewicht zu meinem angeborenen Pessimismus zu schaffen.

Dinge sind vielleicht deshalb so magisch und tröstlich, weil sie etwas verkörpern und greifbar machen, was nicht mehr wiederkommen und den-

noch bei einem bleiben wird: Zuneigung und Liebe, lustige und traurige gemeinsame Erlebnisse. Dementsprechend nehmen Dinge nicht nur Platz weg, wie uns die Entrümpelungs- und Minimalismusideologen predigen, sondern sie schaffen auch Raum. Denn ohne die unsichtbare Funktion vieler Dinge, einer Magie, die fein austarierte Gefühlsebenen tangiert, sähe das Leben wahrscheinlich aus wie ein viel zu großes, sauber aufgeräumtes, aber leicht unterkühltes Wartezimmer.

AUF EINER PARKBANK SITZEN

Die Parkbank ist ein Platz »zum Lachen, Lesen, Küssen, Diskutieren, Nachdenken, Vögel beobachten und Pläne schmieden«. So steht es geschrieben auf einer der kleinen Plaketten, die auf den Rückseiten vieler Parkbänke an deren Spender erinnern. Im konkreten Fall handelt es sich bei dem Freiluftmöbel um eine Liebesgabe von Claudia an Stefan, und man kann den beiden nur wünschen, dass ihre Liebe länger hält als eine durchschnittliche Parkbank, die selbst bei guter Pflege nach fünf bis zehn Jahren hinüber ist und neue Paten braucht. Vielleicht eine so großherzige und vorausschauende Person wie die über achtzigjährige Dame, die anstelle des Familiengrabs eine Parkbank zu ihrer letzten Ruhestätte erkoren hat. In einem Radiofeature erzählt die glückliche Spenderin, das Sitzmöbel sei mit Kind und Kegel, Sekt und Schnittchen eingeweiht worden, und verweist auf eine Plakette, die sie auf der Rückseite hat anbringen lassen: »Für unsere Lieben, die diesen schönen Park nicht mehr sehen können.«

Die Parkbank eignet sich als Erinnerungsort,

zum Pläneschmieden oder um ganz und gar in der Gegenwart zu »verweilen«, wie es bei Goethe heißt. Zu dessen Zeit dürften die ersten Bänke in den Volks- und Stadtgärten aufgestellt worden sein, die sich seit Mitte des 18. Jahrhunderts aus den nur für die Aristokratie zugänglichen Jagd-, Tier- und Schlossgärten entwickelt haben. Wer sie erfunden hat, lässt sich nicht herausfinden, aber es muss ein Genie gewesen sein.

»Die Parkbank als wichtigstes Parkmöbel ist ein Kind der Emanzipation und der Aufklärung. Sie ist ein Symbol bürgerlicher Freiheit«, schreibt der Autor und Publizist Gerhard Matzig. Bis heute sind auf der Parkbank alle gleich. Arme und Reiche freuen sich, wenn sie endlich eine freie gefunden haben, für die Jungen ist sie ein Zufluchtsort, an dem Kulturtechniken wie Händchenhalten, Rauchen oder Trinken erprobt werden. Die Älteren können sich friedlich auf ihr niederlassen, in die Sonne blinzeln, mit den Banknachbarn plaudern oder einfach die Welt spüren, die nicht mehr jeden Tag zu ihnen nach Hause kommt.

Wo Parkbänke gesperrt oder sogar abmontiert werden, wie es während der Corona-Pandemie der Bürgermeister des nordfranzösischen Örtchens La Madeleine anordnete, verschwindet nicht nur ein kostenloser Sonnen- und Sitzplatz, sondern ein Stück Lebenslust, »ein Hafen der Freiheit«, wie der britische Cheftheoretiker des Müßiggangs Tom Hodgkinson sie nennt. Eine Stadt, in der man nicht mehr nutzlos auf einer Parkbank herumsitzen kann, wäre ein menschenfeindlicher Ort, der keine Einwohner mehr hätte, sondern nur mehr vorüberhastende Konsumenten.

VERGESSEN

Als der Königsberger Philosoph Immanuel Kant seinen treuen Diener Martin Lampe nach über vierzig Dienstjahren entlassen musste, weil dieser angefangen hatte zu trinken, war er nach all der Zeit so an ihn gewöhnt, dass er auch dessen Nachfolger Johann Kaufmann »Lampe« nannte. Um sich diesen Fauxpas abzugewöhnen, notiert Kant in einem kleinen Büchlein: »Der Name Lampe muss nun vollständig vergessen werden.« Was höchstwahrscheinlich das genaue Gegenteil bewirkt haben dürfte.

Vielleicht sollten wir unsere To-do-Listen und Notizbücher nach einem solchen Negationsprinzip anlegen, wenn wir schon keine unserer Aufgaben und Pflichten verpassen wollen. Alles andere darf dann getrost auf Durchzug gelegt werden, verpuffen, davonsegeln. Denn wenn es wirklich wichtig ist, wird es einem (siehe Lampe) von selbst wieder einfallen.

KEIN WASSER TRINKEN

»Wasser ist fürs Vieh«, erklärt der Mann einer Freundin, wenn man ihm ein Glas Wasser anbietet oder das Thema ausreichende Flüssigkeitszufuhr anspricht. Obwohl er sich seit Jahrzehnten innerlich beinahe ausschließlich mit Tee, Kaffee und neuerdings alkoholfreiem Apfelwein befeuchtet, ist er einigermaßen gesund und auch geistig so weit leistungsfähig, dass er eine Professur an einer deutschen Universität bekleiden kann. Was einigermaßen erstaunlich ist, schließlich wird uns seit Jahren gebetsmühlenartig gepredigt, täglich mindestens anderthalb bis zwei Liter oder acht Gläser Wasser zu trinken, auch und vor allem wenn man gar keinen Durst hat, ansonsten würden Muskeln, Organe und Hirnmasse verkümmern und wir brauchten uns nicht zu wundern, wenn wir uns müde und schlapp fühlen, schlechte Haut bekommen und nicht mehr denken können. Zweifellos laufen deshalb Menschen mit großen Wasserflaschen herum, an denen genuckelt, gezuckelt und sich festgehalten wird, um ständig optimal durchgespült und auch inwendig sauber und rein zu

sein. Dabei scheint das permanente Durchspülsystem doch nicht für jeden überlebensnotwendig zu sein. Der hochbetagte indische Asket Prahlad Jani hat angeblich weder gegessen noch getrunken, seit er vor siebzig Jahren, als Elfjähriger, sein Elternhaus verließ, um sein Leben Durga, der Hindu-Göttin der Vollkommenheit, zu widmen. Er sei als Kind von einer Gottheit gesegnet worden, erklärt Jani sein reduziertes Dasein, und auch die Forscherteams, die den Asketen bereits zweimal in Krankenhäusern untersucht haben, fanden keine diesseitigeren Erklärungen für das Phänomen.

Wie so oft liegt der Königsweg irgendwo zwischen sehr viel und gar nichts. Oder wie der amerikanische Schriftsteller Mark Twain sagte: »Man kann die Erkenntnisse der Medizin auf eine knappe Formel bringen: Wasser, mäßig genossen, ist unschädlich.«

Nachstehender
Analysen-Vergleich
veranschaulicht die Vorzüge der

Kaiser Friedrich Quelle
Offenbach a. M.
Natron-Lithion-Quelle I. Ranges

	Kaiser Friedrich Quelle	Fachingen	Ems-Kränchen 1.	Salzbrunn Oberbrunnen
Kaliumchlorid	0,01583	0,17103	0,04050	0,03930
Natriumchlorid	1,180	0,25425	0,9026	0,1448
Natriumbromid	0,001305	nicht bestimmt	0,000487	0,000782
Natriumjodid	0,000158	—	0,000248	0,000308
Natriumsulfat	0,4295	0,05163	0,06248	0,5018
Natriumhydrokarbonat	2,764	2,762	2,194	2,413
Lithiumhydrokarbonat	0,02306	0,003765	0,004302	0,01503
Ammon	0,003647	0,008845	0,000318	0,000316

Wo nicht am Platze in Apotheken oder einschlägigen Geschäften zu haben, liefern wir direkt ab Quelle

IM LIEGEN LEBEN

Was für ein Genuss, nach einem anstrengenden Tag die Schuhe auszuziehen, das Sofa anzusteuern und ein bisschen herumzuliegen, die müden Glieder zu strecken und ansonsten nichts zu tun oder zu denken. Ein Faulpelz sein wie Gontscharows liebenswerter Träumer Oblomow, für den das Herumliegen »weder eine Notwendigkeit (war), wie für einen Kranken oder für einen Menschen, der schlafen möchte, noch eine Zufälligkeit, wie für einen Müden, noch ein Genuss, wie für einen Faulpelz: Es war sein normaler Zustand.«

Schon die alten Griechen und Römer liebten das Leben im Liegen. Mächtige Männer regierten vom Bett aus: Alexander der Große hielt unter seinem goldenen Baldachin Konferenzen ab, und der Liege-Tempel in Versaille bildete das Machtzentrum von Frankreichs berühmtem Herrscher Ludwig XIV., dessen morgendliches »lever de roi« ein Staatsakt war.

Diese horizontale Sicht auf die wichtigen Dinge des Lebens stellten Aufklärung, Industrialisierung und die Leistungsideologie unserer Zeit grundlegend infrage. Wer als moderner Mensch ganze Tage im Bett verbringt, gilt als fauler Säckel, Blaumacher, ist krank oder Künstler. Die Literatur- und Kulturgeschichte zeigt, was auf den wenigen Quadratmetern, die der Durchschnittsschläfer benötigt, alles möglich ist: Schriftsteller wie Marcel Proust und seine Kollegin Colette lebten und arbeiteten das ganze Jahr in ihren Betten, Truman Capote erklärte »Ich kann nicht denken, wenn ich mich nicht hinlege«, Playboy-Chef Hugh Hefner leitete die Redaktion von einem rotierbaren Rundbett aus, und John Lennon und Yoko Ono demonstrierten liegend für den Weltfrieden. Das Bett ist eben nicht nur zum Faulenzen und Entspannen da, es handelt sich vielmehr um einen beflügelnden Ort.

»Die Kunst des Liegens existiert nicht an und für sich«, schreibt Bernd Brunner in seinem Buch *Die Kunst des Liegens*. »Sie korrespondiert mit anderen Künsten: der des Nichtstuns, des sich Bescheidens, des Genießens und Entspannens, auch der sprichwörtlich gewordenen Kunst des Liebens.«

Dieses buchstäblich brachliegende Potenzial der »horizontalen Lebensform«, wie Brunner es nennt, erfährt neuerdings eine Wiederbelebung. Asthmatikern werden Liegekuren in staubarmen Natur-

höhlen empfohlen, und auch bei Burn-Out und anderen Erkrankungen des Selbstoptimierungszeitalters wird ausgiebiges Herumliegen in Sanatorien verordnet. Dort findet man dann endlich Zeit, Thomas Manns Roman *Der Zauberberg* zu lesen, in dem das Liegen zur »horizontalen Daseinsform« erweitert wird: »Wir müssen liegen, immer liegen … Settembrini sagt immer, wir lebten horizontal – wir seien Horizontale.«

Aber nicht nur als Heilmittel wird das Liegen rehabilitiert. Dank transportabler Arbeitsutensilien wie Laptop und Tablet kuscheln wir uns langsam in ein »Jahrhundert des Betts«, meint Beatriz Colomina, Professorin für Architektur und neue Medien an der Princeton University im *Wall Street Journal:* »Millionen verstreuter Betten übernehmen die Rolle verdichteter Bürogebäude. Das Boudoir schlägt den Turm.«

Ergonomisch gesehen ist Liegen ohnehin besser als Sitzen. Allein der Begriff »liegen« weckt flauschige Assoziationen an Kissenberge und Schnurrgeräusche, gemäß Robert Gernhardt Vers »Von einer Katze lernen, heißt liegen lernen.«

Während »sitzen« an eher unschöne Zustände erinnert wie nachsitzen, sitzen gelassen werden, sitzen bleiben, aussitzen. Die Vorstellung, dass rund achtzig Prozent der jungen New Yorker regelmäßig in Schlafanzug oder Nachthemd ihre Laptopkissen an sich drücken, wie früher die Oma ihr Tablett mit der Teetasse, ist auf jeden Fall sympathisch und ein Trend in die richtige, die horizontale Richtung!

Oder wie Groucho Marx meinte: »Was man nicht im Bett tun kann, ist es nicht wert, getan zu werden.«

DAS HANDY IGNORIEREN

Kündigt mein Freund Roland, der in den Niederlanden lebt, einen seiner seltenen Besuche an, ruft er zwei Wochen vorher an, wir vereinbaren einen festen Termin, und dabei bleibt es dann. Denn Roland hat kein Mobiltelefon, und er hat auch noch nie eines besessen. Dieser Umstand hat ihn nicht davon abgehalten, beruflich voranzukommen, eine glückliche Ehe mit seinem Mann zu führen und seinen in der ganzen Welt verstreuten Freundeskreis zu pflegen. Vielmehr hat ihm sein freiwilliger Verzicht durchaus Respekt eingebracht. Denn will man sich mit ihm treffen, gibt es kein ständiges Auf- und Verschieben, also reißt man sich zusammen, und eigentlich fühlt sich das für alle Beteiligten ganz gut an.

Genau wie der genüssliche Moment, wenn das Telefon klingelt und klingelt und klingelt und man sich davon überhaupt nicht aus der Ruhe bringen lässt. »Nur ein Lakai muss immer erreichbar sein«, kommentierte mein damals noch mitten im turbulenten Geschäftsleben stehender Vater die ersten mobilen Quälgeister und schaffte sich konsequenterweise auch kein Handy an.

Daran denke ich gern, wenn die Kinder nervös zusammenzucken, mit den Füßen scharren und kaum noch die Gabel zum Mund führen können, sobald beim Abendessen ein Telefon klingelt und sie nicht hinrennen dürfen: Es ist schön, etwas Besseres zu tun zu haben, als allzeit bereit zu sein.

LUXUS LIEBEN

Knallrote Sohlen und atemberaubende dreizehn Zentimeter hohe Absätze sind die Locksignale, mit denen der Schuhdesigner Christian Louboutin Frauen auf der ganzen Welt in Aufruhr versetzt. Obwohl ich in den meisten seiner Kreationen allenfalls vom Tisch bis zur Toilette staksen könnte, bewundere ich den Franzosen, der schon als Junge davon träumte, Schuhe zu entwerfen, obwohl er gar nicht wusste, dass das tatsächlich ein Beruf sein kann. In einer Fernsehdokumentation erklärt er, am liebsten Dinge zu kreieren, die keinen unmittelbaren Nutzen haben, und erzählt von seinem ersten Laden in Paris, in dem er unter anderem ein Paar pinkfarbene Stilettos aus hochempfindlichem Crêpe de Chine präsentierte, auf deren Spitze ein zarter Schwanenfederbusch thronte. Eines Tages sei eine Frau in den Laden gekommen, habe den Schuh lange betrachtet und schließlich verzückt erklärt: »Meine Güte, dieser Schuh ist herrlich unnütz, ich brauche ihn.« Lächelnd ergänzt Louboutin die Philosophie seiner Kundin: »Wir brauchen Dinge, die uns zum Träumen bringen. Dinge,

die uns zum Träumen bringen, beschützen uns auch. Komplett unnütze Dinge haben auch eine Schutzfunktion.« Dieser eigenartige Zauber, der sich wohltuend und behütend wie ein angenehmer Duft um die Besitzerin eines solchen Luxusartikels legt, hat erfreulich wenig mit Geld zu tun. Der Jenaer Philosoph Lambert Wiesing definiert Luxus in seinem gleichnamigen Buch als eine besondere ästhetische Erfahrung, in der sich der Eigensinn des Menschen behauptet, eine dadaistische Trotzreaktion, die sich der zweckrationalen Zurichtung der Welt entzieht.

Es reicht nicht, dass eine Uhr, eine Jacht oder ein Auto teuer sind, um sie zum Luxusgegenstand zu machen. Protz, als das Zurschaustellen von Reichtum, Prestige und Status, ermöglicht gerade keine Luxuserfahrung, weil sie ein bestimmtes Ziel verfolgt, folglich an einen Zweck gebunden ist. Vielmehr wird etwas zum Luxus, indem es eine ästhetische Erfahrung ermöglicht: »Luxus erklärt sich also aus der Stimmung, die sich bei jemandem bildet, der etwas als Luxus empfindet.«

In diesen Zustand intensiver Selbstwahrnehmung gelangt man glücklicherweise nicht nur durch den Besitz kostbarer, aufwendig hergestellter Güter wie der rot besohlten Schuhe. Es kann auch ein vertrödelter Vormittag, ein üppiges Mahl oder die lange Haarmähne sein, die aufwendig gepflegt werden muss und die man sich wider alle Vernunft gönnt. Oder ein ausschweifender Spieleabend. Denn gerade im Spiel, schreibt Friedrich Schiller in seinen *Briefen zur ästhetischen Erziehung des Menschen,* erfährt sich der Mensch auf solche Weise selbst, weil er, von Zweckrationalität befreit, ganz bei sich ist. »Der lebende Mensch«, heißt es bei Lambert Wiesing, »fühlt in den Momenten der Luxuserfahrung, dass er lebt und dass nur derjenige vernünftig sein kann, der nicht gezwungen ist, vernünftig sein zu müssen.«

Um es mit Oscar Wilde zu sagen: »Man versehe mich mit Luxus, auf alles Notwendige kann ich verzichten.«

GETRENNTE SCHLAFZIMMER

Wer schon einmal in einer etwas längerfristigen Beziehung gelebt hat, weiß, dass die wildesten Atemgeräusche im Schlafzimmer, zumindest nach einer Weile des Zusammenlebens, meist nicht durch in Leidenschaft vereinte Körper entstehen, sondern beim Schnarchen. Sechzig Prozent aller Männer zersägen Nacht für Nacht einen unsichtbaren Wald, sechsunddreißig davon sehr laut; bei den Schnarcherinnen liegt die Quote bei zweiundvierzig Prozent, wobei die Lautschnarcherinnen, einer Studie der Universität Budapest zufolge, etwa die Hälfte ausmachen.

Überträgt man diese Zahlen auf deutsche Verhältnisse, lauschen 4,3 Millionen Menschen den nächtlichen Experimentalkonzerten ihres Partners, wälzen sich genervt herum, rütteln erfolglos an Schultern, um schließlich doch wieder ihre Decke zu packen und sich die verbleibenden Stunden auf der zu schmalen Couch herumzuwälzen.

Obwohl das Problem der nächtlichen Ruhestörung innerhalb der eigenen vier Wände weit verbreitet ist und viele daraus die einzig richtige Konsequenz gezogen haben und getrennt schlafen, zählt dieser Schritt zu einem der letzten Tabus in unseren scheinbar so aufgeklärten Zeiten. Lieber erzählen die Leute bei einer geselligen Runde von den bizarrsten Sexfantasien, als offen zuzugeben, dass sie seit Jahren getrennt schlafen. Vor allem Männer, die Hauptverursacher der nächtlichen Ruhestörung, sind beleidigt und fühlen sich zurückgestoßen, wenn die Partnerin oder der Partner endlich ein zweites Bett anschafft und fortan unbeobachtet mit einem guten Roman in der Hand wegdämmert, um fröhlich und ausgeschlafen zum Frühstück oder zum erotischen Kurzbesuch im Bett des anderen zu erscheinen, was viel aufregender sein kann, als wenn man ohnehin schon nebeneinanderliegt. Dennoch scheint bei einem Paar, das nicht gemeinsam nächtigt, in den Augen der anderen irgendetwas nicht zu stimmen. Wobei genau das Gegenteil der Fall sein kann.

Die Idee, ausgerechnet die gemeinsame Matratze als Inbegriff von Nähe und Innigkeit zu betrachten, kam erst mit der bürgerlichen Kleinfamilie auf. In unserer Zeit gilt räumliche und körperliche Nähe als Symbol jener viel beschworenen Intimität, ohne die angeblich keine Beziehung funktioniert. Dabei kann die Qualität einer Beziehung auch darin liegen, nicht alles miteinander zu teilen

und die Privatsphäre des anderen zu achten. Sollen die anderen doch denken, was sie wollen. Und wem die körperliche Nähe fehlt, der kann sich verabreden und endlich wieder einmal, wie in der schönen Anfangszeit, fragen: Gehen wir zu dir oder zu mir?

Enden wir mit Henry de Montherlant: »Die Ehe ist eine Hölle bei gemeinsamem Schlafzimmer; bei getrennten Schlafzimmern ist sie nur noch ein Fegefeuer; ohne Zusammenwohnen wäre sie vielleicht das Paradies.«

EINEN SONNTAGSBRATEN ZUBEREITEN

Meine Großmutter väterlicherseits war beinahe so breit wie hoch, und wenn sie lachte, wackelte ihr kugeliger Bauch wie einer der überdimensionalen Knödel, die sie zu ihren legendären Sonntagsbraten servierte. Nach dem Krieg verdiente sie das Geld für sich und ihre drei Kinder, indem sie für Hochzeiten, Beerdigungen und andere große Feiern im Ort kochte. Über die Jahre entwickelten sich ihre blütenweißen, von Hand geschwefelten Kartoffelknödel, ihre knusprigen Schweine- und Rinderbraten, die kräftigen Brühen und köstlichen Apfelstrudel zu wahren Meisterwerken.

War die Familie bei ihr zum Essen eingeladen, dampfte und duftete es schon Stunden vor dem eigentlichen Festakt, und bis der Braten mitsamt der unvergleichlich sämigen Soße endlich auf dem Tisch stand, war die Vorfreude kaum noch auszuhalten. Saßen endlich alle am festlich gedeckten Tisch, strahlte die Großmutter, und ihr ständiges Schimpfen und Schelten war vergessen. Denn wie es bei Wilhelm Busch heißt: »Wer einen guten Braten macht, hat auch ein gutes Herz.«

Auch wenn er Vegetarier und Veganer nicht satt und glücklich macht, entspricht ein stundenlang vor sich hin schmurgelnder Sonntagsbraten in geradezu idealer Weise den Ansprüchen moderner Ernährungsphilosophie. Schließlich lässt sich so ein duftendes, auf der Zunge zergehendes Stück nun mal nicht auf die Schnelle zubereiten, es handelt sich also um den Urtypus des Slow Food und um ein geschmackliches und geselliges Gesamtkunstwerk. Früher, als die Großmütter ihn liebevoll im gusseisernen Bräter ansetzten, kam er deshalb auch nur sonntags auf den Tisch, als Höhepunkt der Woche. Freitags gab es meist Fisch, und an den Werktagen wurde wenig oder gar kein Fleisch gegessen, allenfalls Eintopf mit Wurst. Was im Übrigen eine vorbildliche Küchenregel von 5 (vegetarisch) – 1 (Fisch) – 1 (ein gutes Stück Fleisch) ergibt: »Das wäre ein Takt, gegen den wohl weder Ernährungswissenschaftler noch Ethiker etwas hätten. Und der Sonntag bekäme damit wieder seinen Glanz zurück«, schreibt der Schriftsteller Max Scharnigg.

Ist der Braten, samt seinem Hofstaat, den dampfenden Knödeln, der randvollen Sauciere, Blaukraut oder Wirsing und einem Schälchen Preiselbeeren, endlich angerichtet und die Gläser gefüllt,

werden Schüsseln hin- und hergereicht und die Anzahl der (auch von dogmatisch vegetarischen Teenagern lustvoll) verspeisten Knödel durchgezählt. Dabei werden alte und neue Geschichten erzählt, und mitten in all dem Gelächter und Gerede darf man sich wie ein Kind freuen und für einen Moment an all jene denken, die mit am Tisch saßen, als man tatsächlich noch ein Kind war.

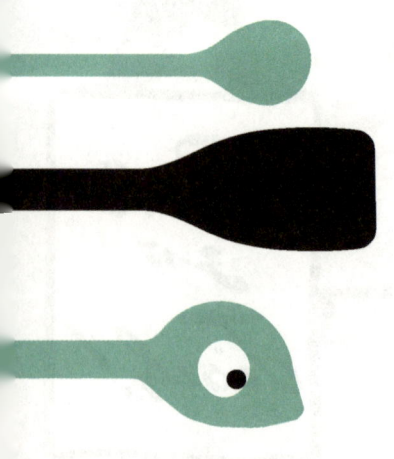

DIE POST NICHT ÖFFNEN

Alles sofort erledigen, abheften, aufräumen. Wer das nicht kann, sondern Briefumschläge zu Nestern hortet, unterm Sofa verschwinden lässt oder – die ordentliche Variante – verschämt in Schubladen entsorgt, leidet angeblich unter PÖS, einer Post-Öffne-Schwäche. Dabei steckt in diesem anarchischen Akt keine Schwäche, sondern innere Stärke, schlummert doch in den ungeöffneten Kuverts ein Rest jener Freiheit, die man sich herausnimmt, wenn man eben nicht auf alles reagiert, sondern erst dann, wenn es einem passt, auch wenn das nie sein wird.

Ohnehin liegt leider nur selten ein handbeschriebener Umschlag im Briefkasten, der dem Romantiker Novalis zufolge einen »wahren«, weil »poetischen« Brief enthält und das Herz entsprechend höherschlagen lässt. So gut wie alles, was man bekommt, sind Rechnungen, unerwünschte Werbesendungen oder amtliche Schreiben, die einen schon mit der bedrohlichen Farbgebung ihrer Umschläge in Angst und Schrecken versetzen. Lässt man sich davon nicht einschüchtern, sondern den Dingen ihren Lauf, steht schlimmstenfalls eines Tages der Gerichtsvollzieher vor der Tür. Aber auch in dieser Berufsgruppe gibt es wahrscheinlich nette Leute, die man sonst nie kennengelernt hätte. Und wenn man schon unbedingt schöne Briefe lesen will, aber niemand welche schickt, bietet die Literatur mehr als genug auf- und anregende Briefwechsel von Leuten, die einen an interessantere Dinge erinnern als an den nächsten Zahnreinigungstermin oder einen noch unbezahlten Strafzettel.

AUS DEM FENSTER SCHAUEN

Fuhren wir Ende der 1970er-Jahre aus Bayern zu meiner Oma ins Ruhrgebiet, gab es drei Dinge, auf die ich mich ganz besonders freute: Omas schlesische Blaubeerklöße, die Trinkhalle, an der ich für meinen Onkel die *Bild am Sonntag* holen durfte, und die Frauen, die, auf ein Kissen gelehnt, im Fenster hingen und sich quer über die Straße unterhielten. Manche trugen Lockenwickler im Haar, fast alle rauchten oder hatten zumindest einen Pott Kaffee neben sich auf der Fensterbank stehen. Obwohl ganz offensichtlich war, dass sie drinnen und das Leben irgendwo draußen war, wirkten sie kein bisschen melancholisch oder etwa deprimiert, vielmehr gesellig und vor allem auf selbstbewusste Weise einverstanden mit ihrem demonstrativen Nichtstun.

Weil wir heute permanent produktiv sein sollen, sieht man kaum noch Leute, die einfach nur im Fenster lehnen und nichts tun, außer zu schauen, was draußen los ist. Oft ist das auf den ersten Blick nicht viel. Vielleicht biegt gerade der Postbote um die Ecke, oder eine Plastiktüte schwebt anmutig im Wind. Geübte Fenstergucker wissen, dass es eigentlich egal ist, was sich draußen abspielt. Reflektiert doch die äußere Welt stets die Stimmung, in der wir sie betrachten: Sind wir heiter und optimistisch, freut uns das Vogelzwitschern, fühlen wir uns elend und düster, erscheinen die Zweige kahl und nackt.

Ungeahnte Aussichten eröffnet die wunderbare Website window-swap.com, auf der Tausende Menschen auf der ganzen Welt eine Webcam vor ihr Fenster stellen und zeigen, was sie dahinter sehen. Die bewegten Bilder, auf denen sich kolumbianische Blätter sanft im Wind wiegen oder eigenartige Tiere durch einen englischen Vorgarten stromern, bieten nicht nur exotische Aussichten, sondern anregende Einblicke in das Leben der Menschen, die tatsächlich jeden Tag durch diese Fenster schauen: Ob Hannah in Cornwall noch immer das Herz höherschlägt, wenn sie die Wellen an den Strand rauschen sieht? Kommt Carol im kanadischen Deux-Montagnes noch ins Grübeln, wenn sie die Grabsteine hinter ihrem Zaun betrachtet? Und lässt die Knoblauchknolle im dicken Mörser, der auf Anns Fensterbank in Dublin steht, darauf schließen, dass sie eine gute Köchin ist?

Die scheinbar unscheinbaren Ausblicke, die dieses Projekt bietet, sind so besonders, weil sie Orte zeigen, die in keinem Reiseführer stehen und die man so noch nie gesehen hat, ob es ein Gehweg in Ruanda ist oder ein gekachelter Vorgarten in Ghana. Zweifellos wird es auch die Menschen, die uns durch ihr Fenster schauen lassen, dazu gebracht haben, wieder einmal so aus ihrem eigenen Fenster zu schauen, als wäre es das erste Mal.

EINEN BOWLETOPF
LEER DISKUTIEREN

Als durchoptimierter Mensch soll man nicht nur aus dem eigenen Körper und Geist, sondern auch im Zusammenspiel mit anderen, also im geselligen Beisammensein, stets das Beste aus sich und den anderen herausholen, will man nicht als uninspirierter Langweiler gelten.

Dabei halten viele Einladungen, die man im Laufe seines Lebens ausspricht oder annimmt, bei Weitem nicht, was sie versprechen. Statt einander anzuregen, zu erheitern, also bestens zu unterhalten, werden die ewig gleichen Geschichten und Argumente ausgetauscht, sodass man, vor allem im fortgeschrittenen Alter, die meisten dieser Zusammenkünfte ebenso gut als Kopftheaterstück für sich allein auf dem Sofa durchspielen könnte.

Entsprechend skeptisch kreuzte ich deshalb bei einem der Bowle-Abende auf, die mein Freund, der Fotografie- und Performancekünstler Jörg Wagner, in unregelmäßigen Abständen an den unterschiedlichsten Orten veranstaltet. Eingeladen wird nur ein handverlesenes Dutzend kommunikationswilliger und trinkfreudiger Menschen, die sich am Küchen- oder Esstisch eines Teilnehmers um einen Bowletopf versammeln, der je nach Saison unterschiedlich gefüllt ist.

Anstatt sich nun mit dem üblichen, konturlosen Blabla gemeinsam unter diesen Tisch zu trinken, gibt Jörg für jeden seiner Bowle-Abende ein anderes Thema aus, das anfangs kurz skizziert wird, um anschließend so lange darüber zu diskutieren, bis der rund fünf Liter umfassende, formschöne Sechziger-Jahre-Design-Bowletopf leer getrunken ist.

In unserem Fall ging es um »Kunst und Kapital«. Eine Teilnehmerin, die aus Hamburg angereist war, hatte einen pointierten, autobiografischen Kurzvortrag über ihre prekäre Künstlerinnenexistenz vorbereitet, was dazu führte, dass sich die anschließende Diskussion vor allem um das *mangelnde* Kapital der geselligen Runde drehte. Die Zeit flog, die Bowle floss, und der Topf musste regelwidrig mindestens einmal nachgefüllt werden. Es war Hochsommer, die Stimmung immer zwangloser, was sich auch daran zeigt, dass die Gastgeberin sich schon vor Mitternacht auf ihrem Küchensofa langmachte und nur noch geräuschhafte Beiträge zur Diskussion beisteuerte.

Auch wenn derart haltloser Alkoholgenuss

ERDBEER-BOWLE:

- 1 kg Erdbeeren
- 50 g Zucker
- 200 ml Wodka
- 2 Fl. Sekt
- 1 Fl. Weißwein

gesundheitlich nicht optimal ist, Bowletöpfe leer zu reden ist ein ideales Arrangement, um mit wildfremden Menschen einen nahezu perfekten Abend zu verbringen.

AUSSER SICH STATT BEI SICH SEIN

Bäume umarmen, Meditationskurse oder Yoga-Übungen sollen dem gestressten Erfolgsmenschen helfen, seine »innere Mitte« zu finden, um auch in nervenaufreibenden Situationen wie der Abteilungssitzung, im ewigen Stau zu Ferienbeginn oder wenn an der Supermarktkasse vorgedrängelt wird, gelassen und ganz »bei sich« zu bleiben. Aber was soll das eigentlich heißen? Der Chef macht mich vor allen lächerlich, aber ich atme still und ganz für mich meinen Ärger aus? Ein Kollege vermurkst ein lang vorbereitetes Projekt – wird weggelächelt! Und wenn ich auf der Straße angepöbelt werde, bleibe ich entspannt bei mir und weise freundlich darauf hin, dass Gewalt keine Lösung ist?

Dass es hin und wieder in keiner anderen Richtung weitergeht als senkrecht mit Karacho in die Luft, zeigt ein Erlebnis meiner Mitstreiterin Moni Port: Am ersten Schultag ihres Filius radelten die beiden auf dem Gehweg Richtung Schule, sie wie eine fürsorgliche Entenmutter vorneweg. Kamen Fußgänger in Sicht, stiegen sie ab und machten Platz. An einer besonders breiten Stelle stellte sich

ihnen ein älterer Herr in den Weg, stampfte erbost auf, wedelte mit seinem Stock und drosch damit auf Monis Fahrrad ein: »Aus Ihrem Kind wird nie was, Sie sind eine schlechte Mutter«, schimpfte er, »fahren Sie gefälligst auf der Straße, und Ihr Kind hat hier auch nichts zu suchen!« Um ihrem Sohn nicht den ersten Schultag zu verderben, erklärte Moni dem Krakeeler ruhig, es sei ein besonderer Tag, normalerweise fahre sie nicht auf dem Gehweg, und abgesehen davon seien sie ihm doch ausgewichen. Doch der Alte brüllte weiter, alle Beschwichtigungsversuche blieben erfolglos, bis auf einmal das bis dahin still dabeistehende Kind laut und wütend rief: »Sie böser, böser Mann!«, woraufhin endlich Ruhe einkehrte und die beiden erleichtert weiterfahren konnten.

Minus und minus kann also auch plus ergeben, wenn es sich um negative Energien handelt. Und Familie Port verdankt dieser Szene ein geflügeltes Wort, das sich vielfach anwenden lässt, denn Grund dazu gibt es ja leider ständig.

Wo soll es hinführen, wenn alle immer »bei sich« bleiben, niemand mehr außer sich gerät, sich empört oder einmischt, wenn andere oder er selbst ungerecht behandelt wird? Und warum will man überhaupt bei sich sein, wo es doch nichts Schöneres gibt, als außer sich zu sein, sei es grölend im Fußballstadion, beim Karneval auf dem Tisch tanzend oder in der schönsten Form des »Außer-sich-Seins«, wenn man frisch verliebt ist oder zumindest selbstvergessen davon träumt.

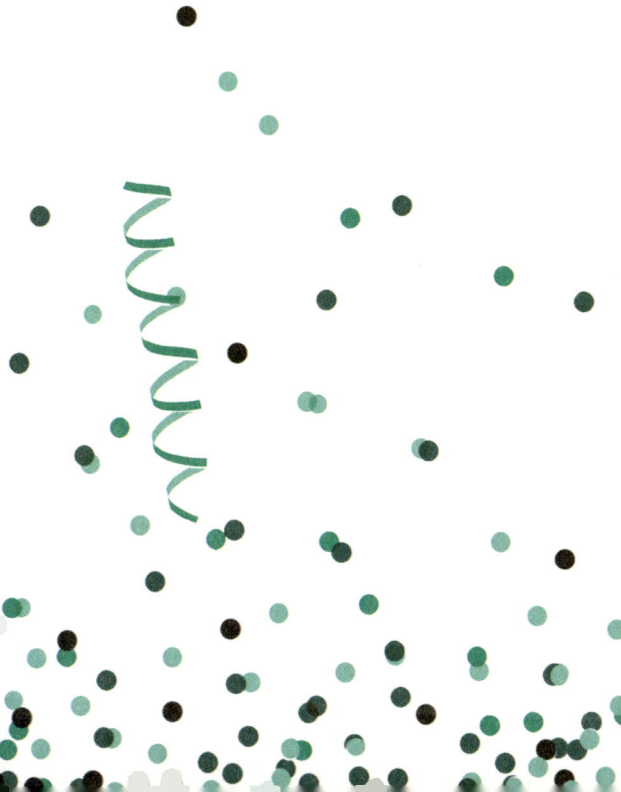

AUF DEM KLO SITZEN

Ob vor einer Konferenz oder dem gemeinsamen Gang zur Kantine, so gut wie immer verkündet jemand vorher, »schnell noch aufs Klo« zu müssen. Bei einer dieser Gelegenheiten erzählte eine Kollegin, in ihrer Kindheit habe das Wort Klo unter Strafe gestanden, fast so, als würde allein der Begriff die Tür zu einem intimen, peinlichen und streng verriegelten Raum aufreißen. Genau den wollten die 68er erobern und von seinen spießbürgerlichen Hemmschwellen befreien, indem sie die Klotüren förmlich aus den Angeln rissen. Was aber selbst bei überzeugten Kommunarden überhaupt nicht gut ankam, schließlich kann der Lokus sehr viel mehr sein als ein schambesetzter Ort, an dem die eigenen Ausscheidungen möglichst diskret entsorgt werden.

Dem österreichischen Schriftsteller Peter Handke ist das Kunststück gelungen, ein ganzes Buch über den stillen Ort zu schreiben, ohne diesen Aspekt überhaupt nur zu tangieren. Stattdessen erzählt Handke auf federleichte, poetische Art Episoden seines Lebens anhand der Aborte, die ihm einfallen. So sinniert er über den Lichteinfall im bäuerlichen Plumpsklo des Großvaters, umkreist Flugzeug-, Eisenbahn- und sogar Tempeltoiletten, liest die Spuren heimlich gerauchter Zigaretten auf gebrandmarkten Spülkästen, oder er erinnert sich an das spezielle Klosetrauschen im katholischen Knabeninternat, wo ihm das Häusl, wie es in Österreich heißt, zum »möglichen Asylort« wurde.

Und ist das stille Örtchen genau genommen nicht vor allem ein Ort der Wandlung und Erneuerung? Handke erinnert an den jugendlichen Helden in A. J. Cronins Roman *Die Sterne blicken herab*, der dort Ruhe vor den Erwachsenen findet und, da der Lokus kein Dach hat, auch die titelgebenden Sterne entdeckt und mit ihnen nichts weniger als die Möglichkeiten der eigenen Wahrnehmung.

Auch zwischenmenschliche Konflikte lassen sich spielend auf die Spitze treiben, indem der Raum für längere Zeit blockiert und alles Hämmern und Schreien ignoriert wird. Bei unerquicklichen Verabredungen kann man auf die Toilette flüchten, um durchzuatmen oder gleich ganz durch den Hintereingang zu verschwinden. Mein Vater besetzte den stillen Ort hin und wieder für

Stunden, um den ersten Entwurf für einen Vortrag in aller Ruhe zu skizzieren. Nicht umsonst bezeichneten die Zeitgenossen im 18. Jahrhundert die Toilette als »Retirade«, nach dem französischen Wort *retirer*, »sich zurückziehen«.

In Anbetracht des Potenzials dieses bescheidenen Ortes wird ihm hierzulande erschütternd wenig Respekt entgegengebracht. Ganz anders als in Japan, wo sogar Architekturwettbewerbe ausgerufen werden, um die Öffentlichkeit mit formvollendeten Toiletten zu erfreuen. Der buddhistische Mönch Shoukei Matsumoto, der in einem Kloster in Kyoto lebt, hält die Toilette für einen heiligen Ort, schließlich soll hier die Schutzgottheit Usushima-myoo ihre Erleuchtung gehabt haben. In seinem Buch *Die Kunst des achtsamen Putzens. Wie wir Haus und Seele reinigen,* erklärt der Mönch das Klosett zum zentralen Ort der häuslichen und seelischen Reinigungspraxis.

Es braucht also nicht immer idyllische Meditationsräume, Yoga-Retreats oder Zen-Klöster, um zur Besinnung zu kommen. Das Klo ist ein stets verfügbarer schöpferischer Ort des Rückzugs, des Nachdenkens, der Selbstbesinnung und Inspiration. Eine alltägliche Eremitage, in der wir zuverlässig ganz mit uns im Reinen sein können.

UNVOLLENDETE WERKE PFLEGEN

Wie ausgefranste Fäden hängen
sie heraus aus der eignen
Lebensgeschichte — all die
mit Begeisterung begonnenen
Projekte, Hobbys, Beziehungen,
die einfach irgendwo versandet
sind.
Mahnmale der eignen Unfähigkeit
?

Früher: künstliche Ruinen!
~~Friedische~~ > Römische Ruine <
in Schönbrunn / Follies
Idee (VANITAS)

Ästhetik des Fragments
ästhetische Briefe, z.B.
Schuberts > Unvollendete <
Bartleby → Ich möchte lieber nicht

SCHNECKENRENNEN VERANSTALTEN

In meiner Kindheit war es eher unüblich, dass die Erwachsenen ihre Freizeitgestaltung nach den Wünschen ihrer Kinder ausgerichtet oder sich wie heute permanent den Kopf darüber zerbrochen hätten, was die Kreativität des Nachwuchses optimal anregen oder diesen intellektuell und moralisch inspirieren könne. Die meisten Eltern gingen irgendwelchen Hobbys wie Angeln, Tennis oder Kegeln nach, und solange man noch nicht allein zu Hause bleiben durfte, musste man zu jedem Wettkampf mit und wurde aus bloßer Gewohnheit zum unfreiwilligen Junior-Vereinsmitglied.

Dementsprechend verbrachte nicht nur ich, sondern auch die meisten meiner Freunde gut die Hälfte ihrer Freizeit in diversen Vereinsheimen. Mit etwas Glück gingen die Eltern des einen oder anderen Schulfreundes demselben Hobby nach, und man langweilte sich nicht ganz allein ins Koma. Denn die Erwachsenen schienen ihren Sport vor allem deshalb auszuüben, um anschließend einen Grund zum Feiern zu haben, oder vielmehr schien das Feiern der eigentliche Sport zu sein, ganz gleich, ob es darum ging, sich über eine Niederlage hinwegzutrösten oder den Sieg zu begießen. Kaum war der sportliche Teil beendet, machte ein Tablett mit randvollen Apfelkorn-Gläschen nach dem anderen die Runde, schließlich wurde sich damals nicht nur vonseiten der Eltern weniger um die Kinder gekümmert, auch die Polizei ging vergleichsweise nachlässig mit ihrer Aufsichtspflicht im Straßenverkehr um. Offenbar ist die Häufigkeit und Gründlichkeit von Fahrzeugkontrollen zeitgeschichtlich parallel mit den Ansprüchen an erzieherisches Engagement gestiegen (und, wie manche finden, optimiert worden).

Damals, als die Eltern ihre Kinder und die Polizei die angetrunkenen Eltern noch in Ruhe ließen, dümpelte man mit dem Nachwuchs anderer Feiersportler, quasi gegenläufig zur sich rasant steigernden Ausgelassenheit der Erwachsenen, bei diesen Partywochenenden durch eine schier endlose Entschleunigungsschleife.

Ja, es gab dort Sportgeräte. Und Spielautomaten, an denen man mit einem Zweimarkstück für zehn Minuten ruhiggestellt wurde. Manchmal lagen Kartenspiele wie Mau-Mau herum. Aber irgendwann kannte man das gesamte Unterhaltungsangebot samt der Vierhundert-Meter-Aschenbahn

besser als das eigene Kinderzimmer. Fiel einem gar nichts mehr ein, womit man sich die Zeit noch vertreiben konnte, begann hin und wieder einer, Schnecken zu sammeln, alle anderen gingen ebenfalls auf die Jagd und postierten ihre Fundstücke auf den Mülltonnendeckeln neben dem Vereinsheim zu Wettrennen, die so langwierig waren, dass der Rest des Abends gerettet war. Bis heute gefällt mir die Idee, sich die Langeweile mit einer der langweiligsten Sachen, die man sich nur vorstellen kann, zu vertreiben. Und vor allem, dass es tatsächlich funktioniert hat.

Der große Kabarettist und Autor Gerhard Polt, der ein passionierter Anhänger der »Fadesse« ist, sagte einmal, die schöne Langeweile, die Muße, sei ein wunderbares »Herumschildkröteln«, bei dem nicht das Damoklesschwert der Produktivität über einem hänge: »Wenn nichts passiert, passiert ja nur scheinbar nichts, weil irgendwas passiert ja immer, und wenn eine Ameise über'n Sandboden läuft oder Staubpartikel durchs Fenster sichtbar werden, weil die Sonne reinscheint. Die Frage ist, ob es einem gelingt, sich diesem Angebot zu öffnen.« Wer diese Frage mit Nein beantworten muss, sollte dringend mal ein paar Schnecken sammeln und ihnen dabei zusehen, wie sie um die Wette laufen.

DIE EIGENEN FEHLER FEIERN

Erfolg gilt in unserer Zeit als Garant eines gelungenen Lebens, wobei die Messlatte immer höher gelegt wird, sodass es eigentlich gar nicht mehr möglich ist, sich einfach nur zurückzulehnen und die Früchte der eigenen Arbeit zu genießen. Wer es schafft, ein Buch zu veröffentlichen, wird nur anerkannt, wenn es den Sprung auf die Bestsellerliste schafft oder mit einem Literaturpreis dekoriert wird. Wer mit großem Spaß einen Blog schreibt, gilt nur als erfolgreich, wenn die Likes im sechsstelligen Bereich liegen. Wenn das Kind gerne turnt, dann hoffentlich fünfmal die Woche im Olympiakader. Solange Erfolg in erster Linie etwas ist, das andere einem bescheinigen, ist schon das Streben danach die reinste Anleitung zum Unglücksein.

Erkenntnismäßig bringt es ohnehin viel mehr, Fehler, Missgeschicke und Faux-Pas zu feiern: Ein vergeigter Vortrag, der Blackout in der Prüfung, solche peinlichen Pannen, bei denen einem noch Jahre später die Schamesröte ins Gesicht steigt, möchte man am liebsten vergessen und sich nicht auch noch damit brüsten. Genau das tun aber die

Mitglieder einer globalen Bewegung, die sich vorgenommen hat, die alte Weisheit, wonach man aus Fehlern klug wird, neu zu beleben. Bei den sogenannten »Fuckup-nights« finden sich Berufstätige der unterschiedlichsten Sparten zusammen, um vor Publikum zu erzählen, was sie falsch gemacht und was sie daraus gelernt haben.

Zehn bis fünfzehn Minuten dauert jede dieser Fehlerbeichten, bei denen gelacht und geweint werden darf, denn die Tränen werden anschließend an der Bar gemeinschaftlich heruntergespült. Garantiert erweisen sich schon bei diesen feuchtfröhlichen Nachbesprechungen die haarsträubendsten Versagergeschichten als die lustigsten. Denn Scheitern kann nicht nur lehrreich, sondern auch ausgesprochen unterhaltsam sein, wie all die Schussel und Tollpatsche beweisen, die in Film- und Theaterkomödien von Fettnapf zu Fettnapf taumeln.

Warum also nur Champagner trinken, wenn die Gehaltserhöhung durch ist und die Karriereleiter nach oben zeigt? Gerade, wenn etwas nicht geklappt hat, sollte man die Korken knallen lassen, am besten ein paar Freunde dazu einladen und rundum ein Missgeschick nach dem anderen auftischen. Könnte gut sein, dass dieser Abend einer der vergnüglichsten ihres Lebens wird.

SICH IN JEMANDEN VERLIEBEN, DER NICHT ZU EINEM PASST

Über fünfzig Jahre lang war eine meiner Tanten mit einem Mann verheiratet, über den die gesamte Verwandtschaft nur den Kopf schüttelte. Schon äußerlich schienen die beiden überhaupt nicht zusammenzupassen: Während sie bevorzugt elegante Strickensembles trug, sah man ihn, abgesehen von der Hochzeit, nie im Anzug, noch dazu war er einen halben Kopf kleiner als sie. Beide waren zwar in derselben Firma angestellt, aber auch dort überragte sie, die Chefsekretärin, ihn, den Handwerker. Vor allem aber war die Tante eine zwar lustige, aber besonnene Person, während der Onkel zu cholerischen Ausbrüchen neigte und sich häufig, wie meine an seiner bloßen Existenz verzweifelnde Oma klagte, »wie ein Kindskopf« benahm.

Gern wird in meiner Familie die Geschichte erzählt, als diese Oma, seine Schwiegermutter, in großer Runde ihren berühmten Sonntagsbraten (siehe S. 107) auftischte und zu schimpfen begann, als beim Austeilen etwas von der Soße auf das blütenweiße, bretthart gestärkte Tischtuch tropfte. Woraufhin der Onkel ihr die Soßenkelle aus der

Hand nahm, die dunkelbraune Flüssigkeit über den Tisch verteilte und lachend meinte, jetzt müsse keiner mehr Sorge haben zu kleckern.

Als jungen Mann hatte es den Onkel aus seinem fränkischen Dorf in die Ferne gezogen, er war ein paar Jahre zur See gefahren, und so ganz schien er sein Fernweh nie losgeworden zu sein. Denn schon als beide noch berufstätig waren, unternahm er mit seiner Frau aufwendige Fernreisen, die im Ort staunend zur Kenntnis genommen wurden. Als Pensionäre bereisten sie gemeinsam auf Ozeandampfern, per Zug und Flugzeug noch einmal die ganze Welt. »Auf den Schiffen war an unserem Tisch immer am meisten Gaudi«, erzählte die Tante einmal, und als ich sie nach seinem Tod fragte, warum sie sich eigentlich, gegen den erbitterten Widerstand ihrer Mutter und über das anhaltende Kopfschütteln aller anderen hinweg, ausgerechnet diesen Mann ausgesucht hätte, sagte sie nur: »Es war halt immer lustig mit ihm.«

Tatsächlich scheinen Motive wie dieses bei der zeitgenössischen, von Algorithmen berechneten Partnerwahl nur noch eine untergeordnete Rolle zu spielen. Die Rätselhaftigkeit der Liebe kommt nicht vor in den Programmen, die Heerscharen von Psychologen (oder womöglich doch nur eine

Horde angeheiterter Software-Entwickler) ausgetüftelt haben, um vor dem ersten Treffen herauszufinden, ob zwei auch wirklich zusammenpassen.

Wird im Vorfeld geklärt, wie man sich ein aufgeräumtes Heim vorstellt, ob beim Bezahlen auch nach der Heirat die Rechnung auf den Cent genau auseinandergedröselt werden soll, man eher der Katzen- oder der Hunde-Typ ist oder weder Tiere noch Kinder leiden kann, dürfte sich der eine oder andere Alltagskonflikt vermeiden lassen. Ob man seinen Partner leicht benebelt auf einer Party kennenlernt oder vor dem ersten Date nüchtern auf Matching-Points durchchecken lässt, am Ende läuft es ohnehin darauf hinaus, dass kaum ein Mensch den anderen versteht, wie es in Goethes *Werther* heißt.

HERUMGEISTERN

Nicht mal im Schlaf hat man mehr seine Ruhe! Die zwanghafte Vorstellung, pausenlos an sich arbeiten und sich verbessern zu müssen, ist nicht nur eine der Hauptursachen für die schweren Schlafstörungen, an denen einer Studie der DAK zufolge jeder zehnte Arbeitnehmer leidet. Vielmehr gilt die nächtliche Pause vom bewussten Dasein inzwischen selbst als Hochleistungszone. Einfach den Schalter umzulegen und, außer den eigenen Träumen oder den nervigen Geräuschen auf der Matratze nebenan, nichts mehr mitzukriegen, reicht nicht. Möglichst kurz sollen wir aus dem Getriebe der Welt fallen, um schön, gesund, schlau und glücklich mit den Hühnern aus dem Bett zu springen und fröhlich weiter zu produzieren und zu konsumieren. Schlechte Zeiten für Morgenmuffel und Bettenbewohner.

Damit der Upload möglichst effizient ausfällt, soll man in seiner Schlafstatt weder Filme ansehen noch aufregende Bücher lesen, nicht zu spät essen, Alkohol nur in Maßen trinken, etwas, aber nicht zu viel Sport treiben, möglichst wenig (nach-)den-

ken und sich schon gar nicht an einer Sache festgrübeln. Auch für den Ort des Turboschlafs gelten Optimierungsgebote: Nicht zu vollgeräumt darf es sein, weder zu warm noch zu kalt, und überhaupt sollte der Ruheraum möglichst nur dafür genutzt werden, eine Tiefschlafphase nach der anderen zu absolvieren, also nicht zum Herumkrümeln oder etwa um Sex zu haben.

Vor dem Fernseher wegzudösen und mitten in der Nacht mit verklebten Mundwinkeln ins Bett zu torkeln, voll bekleidet und benommen aufzuwachen, ohne sich erinnern zu können, wann man überhaupt eingeschlafen ist, oder wie mein schlanker Schwager jede Nacht zur gleichen Zeit ein kleines Gelage vor dem Kühlschrank zu veranstalten und anschließend satt und froh wieder ins Bett zurückzugehen – alles nicht mehr zeitgemäß.

Seit der Antike träumen Dichter, Denker und Staatsmänner von einem Leben ohne Schlaf. Für Platon war ein schlafender Mensch nicht viel besser als ein toter, und auch die Bibel fordert: »Lasst uns nun nicht schlafen wie die Übrigen, sondern wach und nüchtern sein.« (1.Thes, 5,6) Napoleon, der angeblich tagelang auf Nachtschlaf verzichten konnte, lästerte: »Vier Stunden Schlaf für den Mann, fünf für die Frau und mehr für die Dummköpfe«, schlief selbst aber, wenn er einige Nächte durchgemacht hatte, tagsüber überall und sofort ein. Und Benjamin Franklin, der nicht nur die amerikanische Unabhängigkeitserklärung mit entwarf, sondern auch den Satz prägte: »Im Grab werdet ihr noch lang genug schlafen«, ruhte nachts nur drei Stunden und das auch noch in verschiedenen Betten. War eines warm gelegen, wechselte er in ein kühleres Laken.

Erst die Romantiker träumten auch tagsüber von einer anderen Welt, denn dem wahren Lebenskünstler ist es gleich, wann und wo er wie viel schläft. Wer sich also wieder einmal unruhig und unglücklich im Bett herumwälzt oder schlaflos durch die Wohnung geistert und sich mit der Aussicht auf einen müden Arbeitstag martert, sollte einfach sein Geisterdasein genießen, lesen, schreiben, einen Kuchen backen oder leise Musik hören. Die Nacht hat ihren eigenen Zauber, und zu keiner anderen Zeit kann man sich so schrecklich schön allein fühlen.

ÜBERTREIBEN

Sprach man mit meinem Vater über den Wert eines Gegenstandes oder die Kosten einer geplanten Anschaffung, konnte man die Hälfte der von ihm genannten Summe garantiert abziehen. Auch wenn es um die Dauer eines Telefonats, den Umfang einer Speise oder die Begeisterung für eine Sache ging, liebte mein Vater die hemmungslose Übertreibung und das weniger, weil er gerne angab, sondern weil es ihm, der in den bescheidenen Verhältnissen der Nachkriegsjahre aufgewachsen war, ein Gefühl von Fülle und Überfluss zu vermitteln schien. Mental besaß er durch diese Haltung immer deutlich mehr als real, und womöglich trug ihn deshalb, selbst in schweren Zeiten, eine großzügige und großherzige Grundstimmung durchs Leben.

Schon in der Bibel, in den Volksmärchen und in der Literatur ist die Übertreibung ein Stilmittel, das vor allem dazu dient, etwas zu verdeutlichen und zum Nachdenken anzuregen: ob es der Brotregen nach einer Hungersnot ist, der hundertjährige Dornröschenschlaf oder die größenwahnsinnige

Besessenheit eines Don Quijote. Auch die Boshaftigkeit von Hexen, Zauberern und anderen Bösewichtern ist häufig so übertrieben, dass es schon wieder komisch ist. So wie die maßlose Begeisterung, mit der manche Menschen sich Herausforderungen hingeben und dadurch selbst auf scheinbar nebensächlichen Gebieten eine beeindruckende Expertise erwerben. Frei nach dem amerikanischen Dichter und Philosophen Ralph Waldo Emerson, der meinte: »Nichts Großes ist je ohne Begeisterung geschaffen worden.«

Dieser vielversprechenden Devise folgend, besserte mein Freund Tobias während des Studiums sein Einkommen durch enthusiastisch absolvierte Putzdienste auf. Anstatt seine Zeit damit zu verplempern, gelangweilt und lustlos durch die kilometerlangen Universitätsflure zu feudeln, tüftelte er innovative Wischtechniken aus, die er sich eigentlich hätte patentieren lassen sollen, führen sie doch zu garantiert streifenfreien Ergebnissen. Bevor er den Schrubber zur Hand nahm, fand Tobias erst einmal heraus, wo der Boden aufgrund der Lichtreflexe auch ungeputzt wie sauber aussieht, und verschaffte sich dadurch Zeit für andere Beschäftigungen wie die Verfertigung einer schier endlosen Stricklieselschlange, mit der er sich fast

ins Guinnessbuch der Rekorde gewurstelt hätte. Auch mein Freund Christian hatte kaum den Genuss von Zigarren entdeckt, als auch schon ein Humidor, ein Anschneider sowie ein gediegenes Lederetui für den Kurztransport des Rauchwerks angeschafft werden mussten, außerdem wurde so ziemlich alles gelesen und studiert, was das Thema historisch und literarisch hergibt. Kaum ein halbes Jahr später war seine geruchsintensive Leidenschaft zwar wieder verpufft, aber bis heute ist er ein versierter und amüsanter Kenner der Materie.

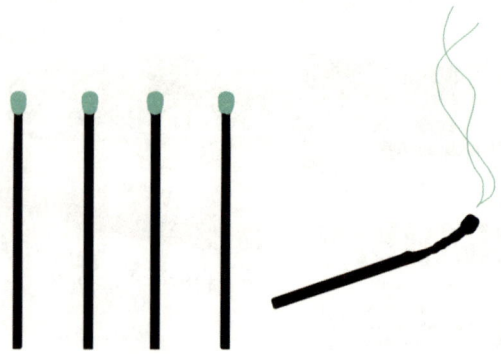

GRUNDLOS
SCHLECHT GELAUNT SEIN

»Das Leben ist eine missliche Sache«, befand der Philosoph Arthur Schopenhauer, der schon als junger Mensch ein so übellauniger Kauz gewesen sein muss, dass er sogar seiner Mutter auf die Nerven ging. In einem Brief erklärte sie dem Neunzehnjährigen: »Dein Missmut ist mir drückend und verstimmt meinen heitern Humor«, und ging ihm fortan aus dem Weg.

Kein Wunder, dass Schopenhauers Werk bis heute Sinn suchende Gemüter bewegt, während die seinerzeit recht erfolgreichen Romane seiner heiterkeitsversessenen Mutter im Meer des Vergessens ruhen.

Eine gewisse Unstimmigkeit und Unzufriedenheit ist Voraussetzung, um überhaupt ins Grübeln, Reflektieren und Philosophieren zu kommen. Abgesehen davon, dass Schopenhauer, dem als Kind wenig Liebe geschenkt wurde und der auch sonst nicht gerade vom Glück verfolgt war, allen Grund zur Übellaunigkeit hatte, ist schöpferische Arbeit anstrengend und, anders, als es der Mythos vom musengeküssten Genie will, häufig von heftigen Schlechte-Laune-Anfällen durchsetzt. Wer gut drauf ist, denkt nicht über *Die Welt als Wille und Vorstellung* nach, sondern kauft sich ein Eis und legt sich in die Hängematte. »Wer sich freut, denkt nicht«, sagte mir der österreichische Philosoph Konrad Paul Liessmann, und sein Landsmann, der Schauspieler Josef Hader, gesteht: »In Zeiten, in denen ich etwas depressiv war, war ich auf der Bühne besonders gut.«

Obwohl also das produktive Potenzial der üblen Laune nicht von der Hand zu weisen ist, kann man heute kaum noch in Ruhe schlecht gelaunt sein. Für jede Stimmungsflaute muss man sich rechtfertigen, schnappt einem jemand den Parkplatz vor der Nase weg, soll man ihm noch gratulieren, und wer schwer erkrankt, soll darin eine Chance zur persönlichen Weiterentwicklung sehen.

»Wir leben in einer Diktatur der Positivität«, schreibt Tobias Haberl. »Alles Dunkle soll hell, alles Gefährliche abgeschafft, alles Triebhafte reguliert, alles Melancholische heiter gemacht werden. […] Das Leben kommt mir vor wie eine viel zu gesunde Rhabarbersaft-Schorle, auf jeden Fall wie eine halbe Sache, weil irgendwie nur noch die eine, die positive Hälfte stattfinden darf.« Die andere, schlecht gelaunte Hälfte passt nicht ins

kollektive Wohlfühlprogramm und in einen auf ökonomische Effizienz und emotionale Reibungslosigkeit angelegten Alltag.

Ähnlich wie Heimweh, Sehnsucht oder Langeweile ist schlechte Laune zu einer altmodischen Angelegenheit für komische Kauze, Ewiggestrige und unbelehrbare Sturköpfe geworden, die sich den Bekehrungsversuchen der Wohlfühlideologen verweigern.

Dabei erweist sich das, was wir leichtfertig als schlechte Laune abtun, bei genauerer Betrachtung als wahre Wundertüte. Zügellos und anarchisch, wie sie ist, kann sie zum fruchtbaren Störfall in einer durchrationalisierten Gesellschaft werden. Nicht umsonst ist sie der Grundmodus vieler Schnelldenker, besessener Lebenskünstler und Alltagsanarchisten, wie man an Isaac Newton, Thomas Bernhard oder Helmut Schmidt sehen kann, aber auch an fiktiven Querköpfen wie Ekel Alfred, Dr. House oder Oscar the Grouch.

Im Alltag kann sich schlechte Laune manchmal ziemlich gut anfühlen, oder weshalb sonst feiern Leute Familienfeiern oder drängeln sich samstags durch die dicht gesteckte Fußgängerzone? Überfüllte Kaufhäuser, der öffentliche Nahverkehr, die endlosen Staus zu Ferienbeginn und -ende und andere Brennpunkte des kollektiven Missmuts bieten ein latentes Reizklima, in dem es schnell zur Sache geht. Und genau deshalb suchen alle diese Zentren der Übellaunigkeit auf.

Wenn der Ärger blitzschnell die neuronale Zündschnur hochbrennt, man einer mentalen Inkontinenz gleich nicht mehr an sich halten kann, weil eine geheimnisvolle Macht einem den Stecker zieht, ist auf einen Schlag alles, was unsere Mütter uns in mühevoller Kleinarbeit beigebracht haben, gelöscht. Im besten Fall führt das zu literarisch hochwertigen Hasstiraden, man wirft mit Hausschuhen nach den Dienstboten wie Ludwig van Beethoven oder exekutiert Teekannen wie Heimito von Doderer. Kurz – wir sind für einen wohltuenden Moment wieder da, wo wir alle herkommen – daheim im Neandertal.

Von dort, wo sich nach dem Gefühlssturm eine tiefe Ruhe ausbreitet, kann es wieder losgehen mit dem Erfinden, Dichten, Komponieren und den Alltag organisieren. Denn »das Schönste an der schlechten Laune ist«, sagt meine Tochter, »dass man nachher keine mehr hat«. Zumindest erst mal.

EIN NICKERCHEN MACHEN

Mein Lieblingsonkel arbeitete viele Jahre in einer Fabrik, und wenn er Frühschicht hatte, röhrten seine Maschinen quasi mitten in der Nacht los. War endlich Mittagspause, die mitgebrachten Brote verzehrt und die Thermoskanne geleert, machte er sich in den letzten zehn Minuten auf der hölzernen Sitzbank lang, legte den Kopf auf seine Brotdose und schlief sofort ein, bis die Fabriksirene losheulte und es weiterging mit der Maloche, diesmal in Richtung Feierabend.

Mir gefällt diese unaufwendige Form des Power Nappings, die damals noch kein Vorgesetzter anordnen musste, während es heute in sämtlichen Zentralen der Mächtigen und Kreativen durchgestylte Ruhezonen gibt, in denen die emsigen Mitarbeiter sich effizient erholen sollen, um sich so schnell wie möglich wieder in den Produktionsprozess einzufädeln.

Den Kopf auf eine harte Blechbüchse zu betten und sich für einen Moment wohlig und ganz bei sich zu fühlen, wirkt, verglichen damit, wie ein Statement individueller Freiheit, eine viereckige Insel der Selbstbehauptung. Ein genüssliches

Nickerchen einzulegen heißt, sich auszuklinken aus dem Arbeitsalltag und einen Moment des Rückzugs und Zu-sich-selbst-Findens zu zelebrieren. Darauf darf man auch beharren, wie meine Schwiegereltern, die sich jeden Mittag zur gleichen Zeit entkleiden, ins Bett legen, eine Stunde schlafen und anschließend den Tag noch einmal von vorne beginnen.

Einfacher, befriedigender und kostengünstiger kann Selbstoptimierung der guten alten Art kaum aussehen: »Ein Nickerchen am Tag hat die gleiche Wirkung wie eine Million Vitamintabletten und Nahrungsergänzungsmittel«, schreibt der »Prophet der Faulheit« Tom Hodgkinson.

Die Siesta ist jedoch mehr als eine Portion Seelenbalsam und ein Refugium des Nichtstuns. Der französische Philosoph Thierry Pacquot liest in ihr einen Akt des Widerstands gegen die komplette Ökonomisierung des Alltags. Wer möchte nicht mitkämpfen in einer so angenehm verschlafenen Widerstandsbewegung, die nichts einfordert, als sich zurückzulehnen und die Augen zu schließen? Für Pacquot ist die Mittagsruhe ein »kristalliner Moment«, der ein »Gefühl vollkommener Freiheit« hervorruft, eine der letzten Bastionen der Selbstbestimmung moderner Menschen. Wer das nicht glaubt, kann seinen Essay *Die Kunst des Mittagsschlafs* problemlos während einer ausgedehnten Siesta lesen. Wobei auch gelegentliches Eindösen bei der Lektüre durchaus im Sinn des Verfassers sein dürfte.

HERUMSTREUNEN
STATT SCHRITTE ZÄHLEN

Als der Sohn meiner Schweizer Freundin in die Vorschule kam, sollte sie ein paar Tage mit ihm den Schulweg einüben, um den Fünfjährigen möglichst bald allein losschicken zu können. Ich staunte über die Anweisung der Schweizer Schulbehörde, da bei meinen Kindern teilweise selbst Dritt- und Viertklässler noch von ihren besorgten Eltern bis zu ihrem Sitzplatz eskortiert wurden. Meine Freundin erklärte, die pädagogische Idee hinter dieser Maßnahme sei, dass die Kinder nicht nur Zahlen und Buchstaben lernen, sondern auch mit Gleichaltrigen die Umgebung erkunden, sich in Ruhe streiten und Zeit für sich haben sollten, um unterwegs das Erlebte in Ruhe verarbeiten zu können.

Tatsächlich eignet sich kaum etwas besser zum Wiederkäuen, Hin-und-Herwälzen oder Tagträumen, als ein paar Schritte zu gehen, herumzustreunen, die Nase hier hinein und dort hineinzustecken und dabei so lebensschlau zu werden wie Mark Twains berühmter Streuner und Ausreißer Huckleberry Finn. Wie sein Erfinder liebt es

Huck, auf dem Mississippi herumzudümpeln: »Wir angelten und redeten, und hin und wieder sprangen wir ins Wasser, um unsere Schläfrigkeit zu vertreiben. Es hatte irgendwie was Feierliches, auf dem Rücken zu liegen und den großen stillen Strom hinabzutreiben.«

Um ein solch erhabenes Gefühl zu erleben, braucht es erstaunlich wenig. Auf jeden Fall kein Smartband, das Herzschlag, Puls und Schritte zählt, eher im Gegenteil. Je absichtsloser das Gehen, umso vielversprechender. Augen auf, und los geht's: Vielleicht flaniert man vor prächtigem kulturgeschichtlichem Hintergrund auf den Spuren von Charles Baudelaire, Robert Walser oder Walter Benjamin durch die Stadt. Oder man setzt sich einfach mal in die Linie 9, steigt nach neun Stationen wieder aus, biegt neun Mal rechts ab und schaut, wo man landet. Wobei beim Spazierengehen und Flanieren Pläne nur gemacht werden sollten, um sie sogleich wieder über den Haufen werfen zu können. Frei nach Lao-tse hat der wahre Reisende keinen festgelegten Weg, noch will er an sein Ziel.

Und schwingt nicht selbst im kürzesten Fußweg die Möglichkeit mit, auf und davon zu gehen? Gehen heißt wach, mutig, tollkühn sein: »Der Traum vom Verschwinden. Vom Fortsein. Eines

Tages zur Tür hinausgehen und nicht wiederkehren. Der Traum, ein anderer zu werden.« Von dieser Freiheit erzählt der norwegische Schriftsteller Tomas Espedal in seinem Buch *Gehen oder die Kunst, ein wildes und poetisches Leben zu führen*. Der Schweizer Soziologe Lucius Burkhardt hat den Spaziergang sogar wissenschaftlich erforscht, und seine Promenadologie wird bis heute an der Universität Kassel unterrichtet. Sollte diese Disziplin aus der Abteilung Lebenskunst nicht jedem schon in der Grundschule beigebracht werden? Denn gerade weil wir so mobil sind wie nie zuvor, sehen wir die Welt oft nur noch im Schnelldurchlauf: verschwommen, unscharf, ohne Sinn fürs Detail. Lieber auf jeden einzelnen Schritt achten, als Tausende Schritte zu sammeln.

ES RICHTIG KRACHEN LASSEN

Am nördlichsten Zipfel Europas, in Finnland, leben die zufriedensten Menschen der Welt. Das haben die Vereinten Nationen nun schon dreimal in Folge in ihrem World Happiness Report festgestellt. Das Glück der Finnen dürfte nicht nur mit den vielen Saunen, den unendlichen Wäldern, dem herausragenden Bildungssystem und den hohen Sozialausgaben zusammenhängen, sondern mit *kalsarikännit*, einer »aus Finnland stammenden Entspannungstechnik«, wie es bei Wikipedia heißt. Übersetzt: »sich zu Hause in Unterhose betrinken«.

Kalsarikännit bringt in einem einzigen Wort zum Ausdruck, wie man mit geringstmöglichem Aufwand das Leben exzessiv genießen kann. Auch wenn Unterhose und Alkohol für manchen eher nach Depression und Vernachlässigung klingen mag. Aber ist das nicht auch schon wieder eine viel zu pessimistische Weltsicht und entspricht gerade nicht dem Glück bringenden finnischen way of life?

Statt stets ausgeschlafen und rotwangig seine Pflicht zu erfüllen, sollte man es sich hin und wieder gönnen, mit Augenringen und dickem Kopf

aufs Leben zu schauen, um erkennen zu können, *Wofür es sich zu leben lohnt*. So hat der österreichische Philosoph Robert Pfaller eines seiner lehrreichen Werke genannt, in dem er feststellt:

»Ohne die Verrücktheiten der Liebe, die uns gerade die sperrigen Eigenschaften geliebter Personen anbeten lässt; ohne die Unappetitlichkeiten und Schamlosigkeiten der Sexualität; ohne die Unvernunft unserer Ausgelassenheiten, Großzügigkeiten, Verschwendungen, unserer Geschenke, Feierlichkeiten, Heiterkeiten und Rauschzustände wäre unser Leben eine abgeschmackte Abfolge von Bedürfnissen und – bestenfalls – ihrer stumpfen Befriedigung; eine vorhersehbare, geistlose Angelegenheit ohne jegliche Höhepunkte, die insofern mehr Ähnlichkeit mit dem Tod hätte als mit allem, was den Namen des Lebens verdient.«

Statt dem Phantasma von Schönheit und Makellosigkeit hinterherzuhecheln und leeren Glücksversprechen anzuhängen, die in Bier ohne Alkohol, Sahne ohne Fett oder Sex ohne Körperkontakt Ausdruck finden, gilt es, sein Dasein zu feiern. Es kann herrlich sein, sich zu verschwenden und das Leben als eine Gabe zu betrachten, die es zu geben lohnt. Warum bis zum nächsten Karneval warten, wenn es doch *kalsarikännit* gibt.

BLAUMACHEN, WEIL MAN SICH NIEDERGESCHLAGEN FÜHLT

Migräne, Triefnase oder Bauchweh, meist sind es körperliche Beschwerden, die einen dazu bringen, sich kurzfristig aus dem geschäftigen Treiben der Welt zu verabschieden und den Arbeitgeber (bei Selbstständigen: sich selbst) darüber zu verständigen, dass es heute eher nichts wird mit der Erfüllung der vertraglich vereinbarten Pflichten.

Wer hingegen schon beim Aufwachen an sich und der Welt leidet, wird sich höchstwahrscheinlich trotzdem zur Arbeit oder an den Schreibtisch schleppen, um dort missmutig einige unproduktive Stunden mit arbeitsimitierendem Verhalten totzuschlagen und damit seinen miserablen Zustand, wie eine schlecht auskurierte Grippe, endlos zu verlängern.

Feeling blue nennt man im Englischen den trüben Zustand, der in unzähligen Songs anklingt und den wir im Deutschen durch Jugendbuchautor Andreas Steinhöfel als »graues Gefühl« kennen: »Eine Depression ist«, sagt sein Protagonist Rico, »wenn all deine Gefühle im Rollstuhl sitzen. Sie haben keine Arme mehr, und es ist leider auch gerade niemand zum Schieben da. Womöglich sind auch noch die Reifen platt. Macht sehr müde.«

Wer sich in diesem Sinne grau fühlt, sollte dringend einen Tag blaumachen. Der Begriff ist vom »Blauen Montag« abgeleitet, an dem die Färber der Wolle beim Trocknen zusahen. Denn die wurde sonntags ins Färbebad gelegt und am nächsten Tag an der Luft getrocknet, wo die besondere Farbe, die damals verwendet wurde, eine chemische Reaktion mit der Luft einging und blau wurde. Die Färbergesellen konnten also ganz in Ruhe (ihre Wolle) »blau machen«.

Heute wird »blaumachen« mit »krankfeiern« gleichgesetzt, also eher despektierlich auf Leute angewandt, die sich freinehmen, ohne ernsthaft und vor allem nachweislich zu leiden, und damit das vorherrschende Arbeitsethos verletzen. Aber wer bestimmt eigentlich, ab wann und aus welchem Grund eine Pause nötig ist?

Der Schriftsteller und Psychiater Jakob Hein berichtet in seinem Buch *Hypochonder leben länger*, in seiner medizinischen Praxis immer wieder zu erleben, dass Patienten, die befürchten, »etwas zu haben«, erst daran glauben, wenn auch »etwas Richtiges« festgestellt wurde, will heißen: eine Erkrankung, die mithilfe technischer Geräte ding-

fest gemacht werden kann. Finde sich nichts dergleichen, habe man auch nichts, schreibt Hein, dem diese Fixierung aufs Körperliche seltsam vorkommt, schließlich haben auch seelische Beschwerden ihren Ursprung im Gehirn, das ohne Zweifel ein Teil unseres Körpers ist.

Bei einem derart verengten Blickwinkel hat es die schlechte Stimmung schwer und wird erst zu »etwas haben«, wenn die innere Kerze schon abgebrannt ist und der Arzt endlich ein handfestes »Burn-out« attestiert, mit dem wiederum nachweisbare Symptome einhergehen.

Nähme man sich schon, bevor es so weit ist, auch mal einen Tag frei, um ausgiebig in seiner miesen Stimmung zu baden, einen Spaziergang zu machen, alte Platten zu hören oder mit den Kindern eine Runde Minigolf zu spielen, würden die dunklen Wolken wahrscheinlich ziemlich schnell von selbst verfliegen, und man könnte beschwingt an die Arbeit zurückkehren.

PLAUDERN STATT
AUF DEN PUNKT KOMMEN

Meine Töchter finden es »voll peinlich«, wenn ich mit Leuten Gespräche anfange, die uns an der Bushaltestelle begegnen, im Freibad unter der Dusche zulächeln oder beim Wandern am selben schönen Plätzchen Rast machen, das wir uns ausgesucht haben. Ginge es nach den schamgesteuerten Teenagern, sollte am besten jeder so tun, als ob andere Menschen, die sich zufällig gerade am selben Ort befinden, gar nicht existieren. Wobei Rudelangehörige, also Freundinnen und Familienmitglieder, die Ausnahme von dieser Regel bilden. Vermutlich nimmt die Freude am unverbindlichen Gespräch mit wildfremden Artgenossen mit den Lebensjahren zu, und die scheinbar so belanglose Plauderei erfordert in Wahrheit eine ordentliche Portion geistiger Reife und frohen Mutes. Denn ein schönes Schwätzchen gelingt nur bei guter Laune und hat rein gar nichts mit der Kampfstimmung zu tun, die uns in all den zielorientierten Pitches und originellen Präsentationen antreibt, die wir zu absolvieren haben. »Plaudern ist ein Akt kommunikativer Zärtlichkeit«, schreibt Felix

Dachsel in dem Essay *Lob des Plauderns* und erinnert daran, dass im Krieg nicht geplaudert, sondern befohlen wird. Auch im Rosenkrieg, der zwischen ehemaligen Liebespaaren tobt, oder im Kleinkrieg, den verfeindete Nachbarn überm Gartenzaun ausfechten, wird angesagt und ausgeteilt, es herrscht also garantiert plauderfreie Kommunikation. »Plaudern ist eine Kunstform ohne Künstler«, schreibt Dachsel, »denn der Plaudernde will nichts erschaffen und nichts darstellen.«

»Eine Hitze heute. // Ja, wirklich. Kaum auszuhalten. // Aber besser, als wenn's dauernd regnet. // Und am Abend ist's schon schön, draußen zu sitzen. // Wie am Mittelmeer. // Nur ohne Meer …«

Weltmeister darin, elegant zu kommunizieren, ohne wirklich etwas zu sagen, dürften die Briten sein, bei denen die Kunst des *Small Talks* derart verfeinert wurde, dass man als Ausländer zwar eigens dafür konzipierte Lehrbücher studieren kann, ohne jede Aussicht, diese Fertigkeit jemals souverän zu beherrschen. Allein 49 Stunden im Jahr sprechen die Inselbewohner einer Umfrage zufolge über das Wetter. Wobei Standardformeln wie »Terrible weather today, isn't it!« oder »Beauti-

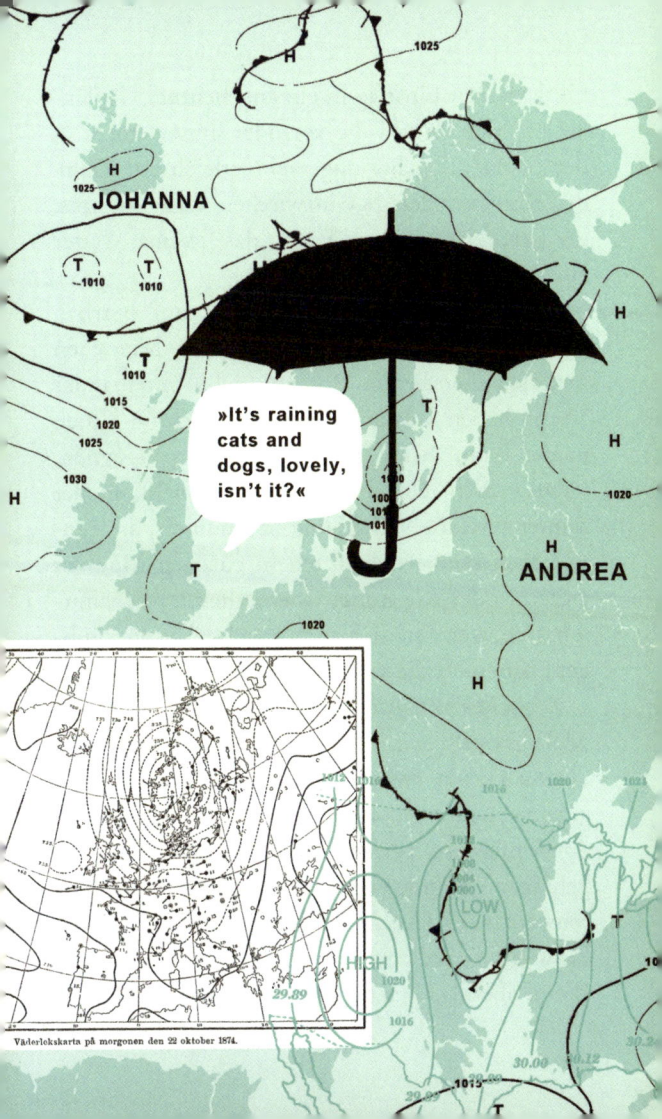

ful day!« den Einstieg in ein angenehmes Geplänkel mit der Person, die vor oder hinter einem in der Schlange steht, ungemein erleichtert. Dank des Klimawandels hat inzwischen sogar bei uns, im Land der ernsten Worte, das Thema Wetter eine höhere Akzeptanz.

Eine gelungene Plauderei stellt auf herrlich unverbindliche Weise etwas zwischen Menschen her, die außer diesem Moment nichts miteinander zu tun haben müssen. Fremde, die sich im Hotel, in der Bahn, beim Einkaufen zufällig begegnen, reden sich in eine Bekanntschaft hinein, in der immer auch die Verheißung schlummert, das ganze Leben könne sich in einem einzigen Moment ändern, oder wie es bei Goethe heißt: »Bekanntschaften, wenn sie sich auch gleichgültig ankündigen, haben oft die wichtigsten Folgen.«

Wobei es sich zum Glück höchst selten so entwickeln dürfte wie in Patricia Hightsmiths Krimiklassiker *Zwei Fremde im Zug,* in dem aus dem angetrunkenen Geplänkel zweier Herren der dann doch nicht so perfekte Mord hervorgeht. Eine gelungene Plauderei sollte keinesfalls von derart schwergewichtigen Absichten und Offenbarungen belastet sein, vielmehr so duftig leicht und beglückend oberflächlich daherkommen wie ein kleines, leckeres »amuse gueule«, ein Häppchen, das, anders als der solide Eintopf, nicht satt macht, aber anregt und, gerade weil so vieles unerfüllt bleibt, sanft nachwirken kann.

GEWOHNHEITEN
UND RITUALE PFLEGEN

Der kanadische Pianist Glenn Gould spielte nur auf einem wackligen Stuhl Klavier, David Bowie brachte zu jeder Studiosession eine Fotografie seines Idols Little Richard mit, und der dänisch-isländische Künstler Ólafur Elíasson betritt jeden Morgen pünktlich um 8.30 Uhr sein Atelier, schießt genau eine halbe Stunde mit Pfeil und Bogen und arbeitet danach den Rest des Tages konzentriert. Auch wenn es nicht unseren Vorstellungen vom ungestümen Künstlerleben entspricht, zeigen gerade kreative Menschen häufig ein erstaunliches Beharrungsvermögen, was ihre Gewohnheiten und Rituale betrifft. Genau wie Kinder, die ihren Saft nur aus dem blauen Elefantenbecher trinken und lieber durstig bleiben, anstatt ausnahmsweise den grünen zu nehmen. Der immer gleiche Weg zur Kita oder die endlos wiederholte Gutenachtgeschichte vermitteln Sicherheit und beruhigen die Gemüter von sehr jungen, aber auch sehr alten Menschen, die oft ähnlich stur wie Kinder auf ihre vor Jahrzehnten festgelegte Essenszeit beharren oder, wie meine Mutter, niemals vor 20 Uhr den

Fernseher einschalten würden, mag der Tag noch so verregnet und langweilig sein.

Derart strikte Routine wirkt in Anbetracht eines Arbeitsmarktes, der permanente Flexibilität verlangt, altmodisch und schrullig. Wahrscheinlich würde ja auch niemand mehr einem Großdenker wie Immanuel Kant zutrauen, die philosophische Welt komplett auf den Kopf zu stellen, nur weil ganz Königsberg nach seinem täglichen Spaziergang die Uhr stellen konnte.

Wer allzu starr seinen Gewohnheiten folgt, schließt andererseits Möglichkeiten aus, und werden aus Gepflogenheiten Zwänge, befindet man sich schon mitten in der menschlichen Komödie. Schönes Beispiel: Der Hollywoodklassiker *Besser geht's nicht*. Darin spielt Jack Nicholson den New Yorker Schriftsteller Melvin, der ins Restaurant sein eigenes Plastikbesteck mitnimmt, beim Händewaschen jedes Mal ein neues Stück Seife benutzt und es tunlichst vermeidet, auf Pflasterfugen zu treten. Oder – Realsatire – der Freund einer Kollegin, der Beilagen nur symmetrisch genießen kann. Stehen Reis, Kartoffeln und Nudeln auf dem wöchentlichen Speiseplan, muss er montags und freitags Reis essen. Dienstags und donnerstags kringeln sich Nudeln auf dem Teller, Mittwoch ist Kartoffeltag und am Wochenende freie Wahl.

Kreativität ist eben ohne Gewohnheiten nicht zu haben. Schließlich schaffen die wenigsten Künstler große Werke, *während* sie sich den orgiastischen Ausschweifungen hingeben, die wir in unserer Vorstellung mit dem Leben der Boheme verbinden. Erst Rituale und Strukturen geben einen Rahmen vor, den man übertreten kann: »Je mehr ich routinemäßig erledigen kann, umso mehr Zeit und Ressourcen habe ich, um andere Dinge zu tun – und zu denken«, schreibt der Verleger, Autor, Kunstsammler und Abenteurer Erling Kagge. Auf seinen Expeditionen zum Nord- und Südpol oder auch auf den Mount Everest habe er so viel wie möglich vorher festgelegt und sich an jedem einzelnen Tag an streng geplante Abläufe gehalten, um »unterwegs innere Ruhe und einen guten Rhythmus zu finden«. Was die Lebensqualität eindeutig erhöht, nicht nur bei minus 50 Grad.

Little Richard

GUTE AUSREDEN ERFINDEN

Gäbe es die Möglichkeit, eine Weile mit einem anderen Gehirn auf die Welt zu schauen, dann hätte ich gern das einer erfolgreichen Krimischriftstellerin wie Denise Mina, Simone Buchholz oder Tana French. Ich liebe ihre fesselnden Geschichten und den coolen Sound, in dem sie erzählt sind. Jeden Tag, stelle ich mir vor, hängen diese Queens of Crime ein paar Stunden mit wortkargen Typen in heruntergekommenen Bars herum, trinken die Nacht durch und klären nebenbei üble Verbrechen auf. Ist die Schreibzeit um, beginnt ihr zweites Leben, zu dem Wäscheaufhängen, Schulkinder versorgen und Frisurenprobleme genauso gehören wie zu meinem. Nur dass bei mir der selbst erfundene Ausnahmezustand fehlt. Denn leider bin ich unfähig, mir richtig spannende und stimmige Geschichten auszudenken, weshalb ich auch jeden Seitensprung sofort gestehen müsste, wahrscheinlich schon während des Vollzugs. Schuld an diesem Aufrichtigkeits- und Bekenntniszwang ist meine Mutter, die nichts schlimmer fand als Kinder, die lügen, und keine Gelegenheit ausließ, um mir dies einzubläuen. Dabei ist zweifellos allen Erwachsenen, die das sagen, auch schon während sie es sagen, klar, was für einen Unsinn sie da erzählen, würde doch jede menschliche Gemeinschaft ohne Notlügen kollabieren.

Und weil das so ist, fragt man sich, weshalb so wenig Mühe auf das Erfinden guter Ausreden verwendet wird? Warum nicht das Schwindeln kultivieren und etwas mehr Fantasie aufbringen, als nur »keine Zeit« zu murmeln, wenn man jemanden nicht treffen will, und Annäherungsversuche mit den schon legendären Kopfschmerzen zurückzuweisen. Selbst der nervigste Kollege, der einen zum zwölften Mal fragt, ob man nicht zusammen ein Bier trinken gehen möchte, verdient eine originelle Ausrede. Die zu ersinnen, ist gar nicht so einfach, und gerade deshalb ist das Erfinden von Ausreden bestimmt ein sinnvolleres Gehirnjogging als Sudoku.

Wem partout nichts einfällt, findet Anregungen in sämtlichen Epochen der Weltliteratur. Man denke nur an die Lügennase Pinocchio, den Hochstapler Felix Krull und natürlich an Adam & Eva, das Pärchen, mit dem das Erzählen seinen Anfang nimmt. Schließlich gesteht Adam zwar, den Apfel genommen zu haben, bestreitet aber seine Verant-

wortung. Die schiebt er auf Eva, was ein klassischer Fall von Sichherausreden ist und damit der Urantrieb des Geschichtenerzählens, so der Literaturwissenschaftler Fritz Breithaupt in seiner Studie *Kultur der Ausrede*. Auch Platon schrieb in seiner *Politeia* den berühmten Satz: »Die Dichter lügen.« Und recht hat er. Wer eine gute Geschichte erzählen will, muss seine Fantasie ankurbeln und die Welt neu erfinden, die raue Wirklichkeit nehmen, wie sie ist, und etwas daraus machen! Seien wir doch mal Alltagsdichter und Weltverbesserer in diesem Sinn. Muss man Tante Inge unbedingt auftischen, wie sehr ihr Sandkuchen seinem Namen Ehre macht, und sollte man ernsthaft die Essenseinladung von Familie Meyer mit der Begründung absagen, Herrn Meyers Mundgeruch sei so scheußlich, dass nicht einmal das köstlichste Fünf-Sterne-Dinner ihn zu überwölken vermag? Eine originelle Ausrede tut keinem weh und erfordert mehr Hirnschmalz, als direkt mit der Tür ins Haus zu fallen. Und lustiger ist es sowieso.

NICHTS TUN – DOLCE FAR NIENTE

Alles, was uns seit jeher in südliche Gefilde lockt, verachten wir, wenn es bei uns zu Hause passiert: Verabredungen eher locker zu nehmen, sich tagsüber ins Bett zu legen, Kinder bis in den späten Abend hinein auf sein lassen, mittags ein Glas Wein zum Essen zu trinken oder mit anderen an einem schönen Plätzchen herumzusitzen und nicht viel mehr zu tun, als am Leben zu sein.

Machen wir in diesem Sinne »nichts«, schaltet sich unser »Ruhezustandsnetzwerk« (Default-mode nennen das die Forscher) ein, das einiges erledigt, etwa Gedanken und Erinnerungen sortieren oder Erlerntes abspeichern. Kreative Herausforderungen lassen sich leichter lösen, wenn man zwischendurch Pausen einlegt, die Gedanken schweifen lässt, also vermeintlich nichts tut, sagt Louise Röska-Hardy, die am Kulturwissenschaftlichen Institut Essen an der Schnittstelle zwischen Philosophie und Naturwissenschaft die segensreiche Wirkung des Default-modes erforscht.

In dem Hollywoodfilm *Eat Pray Love* ist die von Julia Roberts gespielte Liz auf Sinnsuche unter anderem in Rom unterwegs. Ein Italiener, der sich in einem Friseursalon ernsthaft als Luca Spaghetti vorstellt, erklärt ihr, Amerikaner wüssten nicht, wie man das Leben genießt: »Ein Italiener braucht dafür keine Anleitung. Er geht an einem Plakat vorbei, auf dem steht: Du brauchst eine Pause. Und er sagt: Ja, ich weiß. Deshalb plant er eine Mittagspause ein, geht nach Hause und schläft mit seiner Frau.« »Wir nennen es dolce far niente«, mischt sich ein anderer Friseurbesucher in die Unterhaltung ein, »es bedeutet, das süße Nichtstun. Darin sind wir Meister.«

So lieben wir sie, die lässigen Italiener, die sich genüsslich den kleinen Freuden des Alltags hingeben, sich im Familien- oder Freundeskreis durch mehrere Gänge schlemmen, dabei über Gott und die Welt diskutieren, anstatt Kalorien zu zählen, und das, wo man in Italien sehr auf sein Äußeres bedacht ist und sich elegant kleidet. Aber Essen ist einfach mehr als Essen. Und es geht vor allem darum, eine gute Figur zu machen, egal mit welchem Gewicht: »fare una bella figura« gelingt eben auch mit Spaghetti, Eis, Cappuccino und dem Cornetto zwischendurch.

Was natürlich genauso ein Klischee ist wie die Italiensehnsucht selbst, die nicht nur Dichter, von

Goethe bis Durs Grünbein, beflügelt hat. Aber auch wenn es sich um eine Projektionsfläche handelt, zeigt sie doch, wie wir in unseren Träumen gern wären. Etwas davon Realität werden zu lassen, dürfte nicht der schlechteste Leitfaden für ein gelungenes Leben sein. Statt mit sich unzufrieden zu sein, noch mehr zu arbeiten, effektiver zu schlafen, die Partnerschaft zu hinterfragen, den Schrank zu entrümpeln und sich noch gesünder zu ernähren, gilt es, das Leben zu genießen. Damit es einem am Ende nicht so geht wie der französischen Schriftstellerin Colette, die seufzte: »Was für ein herrliches Leben hatte ich! Ich wünschte nur, ich hätte es früher bemerkt.«

Tu t'laisses aller...